012 DIYシリーズ

木工でかんたん 使える！ 収納インテリアづくり

「ばんちか工房」
番匠 智香子 監修

大泉書店

自分の手でつくるから
ぬくもりのある家具になる

「木工」と聞くと、難しく感じてしまう方もいるかもしれません。もちろん技術的なことを追求すると道具や木材の種類、加工の方法など奥深いことは確かです。

しかし素材である木は自然の温かみが感じられ、自由度の高い魅力的な材料です。木を身近に感じるだけで気持ちが落ち着く、安心感を得られる方も多くいらっしゃるのではないでしょうか？

私はDIYを通して小物家具や子どものおもちゃづくりなどの講座を開催しておりますが、ご参加いただいた方のつくり終えたときの達成感や、使ったときの喜びや笑顔が印象に残っています。

自分のため、子どものため、大事な人のためとつくる理由はそれぞれと思いますが、気持ちを込めてつくった作品は相手にも必ず伝わり、より雰囲気の良いものができ上がると思います。

DIY木工は想いを込めながらつくれる、失敗してもやり直しができる、自分の好きなサイズや部屋の雰囲気に合わせてアレンジできるところが魅力です。自分でつくるからこそ、ぬくもりのある家具になるのです。

何もないところからモノをつくり出すことは初めての方には難しいかもしれませんが、DIYは楽しみながらステップアップしていくもの。まずは既存の木箱やすのこを組み合わせて、どんな風につくれるか考えてみるところから始めてみてはいかがでしょうか？塗装だけでも印象がガラリと変わります。

ぜひ自分の無理のない範囲から手づくりを楽しんでみてください。自分でつくったものには愛着がわき、きっと暮らしが楽しくなるエッセンスになると思います。

DIYアドバイザー
番匠智香子

contents

木工でかんたん
使える！ 収納インテリアづくり

はじめに……2
本書でつくれる作品……6
本書の使い方……10

PART 1
DIYの基本

収納家具を自分でつくるメリット……12
収納家具のプランニング……14
部屋の構造や条件でつくる家具を選ぶ……16
木材の種類と選び方……18
木材の特徴と使い方……20
道具の種類と使い方……22
布や金具でアクセントをつける……30
塗装して完成度を上げる……32
塗料の種類と特徴……34
塗装のポイントを知ろう……36
コラム1 塗料を使い分けてアレンジしてみよう……38

PART 2
実践① 【1時間以内でできる収納家具】

すのこアレンジ　万能棚……40
万能BOX……42
カラーボックスアレンジ　扉付きBOX……46
収納ベンチ……48
キッチンワゴン……50
コラム2 既製品をアレンジして時短DIYに挑戦！……52

PART 3 実践② 【3時間以内でできる収納家具】

リビング リモコンラック……54
マガジンラック……58
収納イス……62
キッチン 調味料ラック……66
洗面所 脱衣ラック……70
コラム3 ちょっとしたポイントを替えて かんたん！ イメージチェンジ術……74

PART 4 実践③ 【中～大型の収納家具】

リビング 箱型壁面棚……76
ヴィンテージ風壁面棚……80
三角ラック……84
大型ラック……90
キッチン 食器棚……96
Do It Yourself Q&A……103
書斎 デスクキャビネット……104
寝室 ハンガーラック……116
玄関 グッズストッカー……124
庭 ガーデンラック……134
はじめてのDIY用語集……141

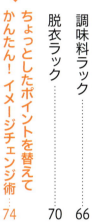

ちょっとした小物の収納に

少しかさばるものから、ちょっとした雑貨を置ける棚。部屋にこんな収納家具があれば重宝します。DIY なら置きたいものからサイズを考えられるから、自分にぴったりの家具がつくれます。

〔左：三角ラック→ P.84、右：万能棚→ P.40〕

子ども部屋の収納に

おもちゃやぬいぐるみなどは、しまう場所が決まっていないと散らかってしまいがちです。扉やフタつきの収納を活用して、整頓された部屋を目指してみてはいかがでしょうか。

〔左：扉付き BOX → P.46、
右：収納イス→ P.62〕

キッチン収納として

マグカップやお皿などをしまうには、収納力の高い家具がおすすめ。また、キャスターを取りつけたワゴンタイプならすぐに動かせるので、人が動き回るキッチンで活躍します。

〔左：食器棚→ P.96、
右：キッチンワゴン→ P.50〕

サニタリー収納に

難しそうな脱衣ラックも、DIY で手づくりできます。洗剤などの水回りアイテムも収納できる優れもの。壁かけタイプも活用すれば、おしゃれなサニタリー空間を演出できます。

〔左：脱衣ラック→ P.70、
右：箱型壁面棚→ P.76〕

衣類の収納に

洋服や帽子などの衣類は、木のぬくもりを感じるDIYの収納家具が合います。身近なものだからこそ、大切にしまっておける場所をつくってみてはいかがでしょうか。

〔左：ハンガーラック→ P.116、右：グッズストッカー→ P.124〕

【 本書の使い方 】

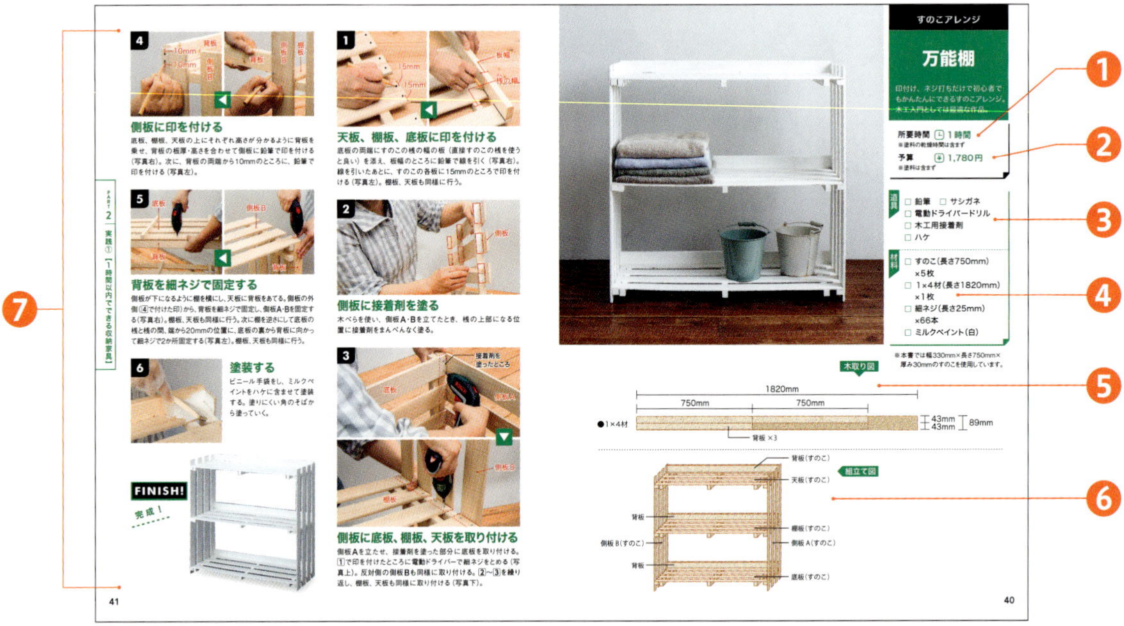

❶ 所要時間

各収納家具を作成する際に掛かる、おおよその時間です。ただし、接着剤などの乾燥が必要な場合は、それらの時間は加えていないものです。

❷ 予算

各収納家具の材料を購入し、作成するのに掛かる費用の目安です。購入先によって材料の価格は異なります。また、必要な道具類の価格は加えていません。

❸ 道具

各収納家具を作成する際に必要になる道具です。ひと通り揃えておいたほうが良い道具や、本書で使った道具に関してはP.22～を参照してください。

❹ 材料

各収納家具を作成する際に必要となる木材やネジなどの材料を記しています。既製品を使用してのアレンジ家具を作成する場合は、それらのサイズによって調整してください。丁番や、取っ手に付属品としてついてくるネジ等の材料は記していません。また、塗料などは、お好みにアレンジすることができます。

❺ 木取り図

各収納家具を作成する際に、1枚板から木材を裁断して使用する場合の寸法を記しています。ホームセンターなどで購入時に事前に裁断をしてもらうことをおすすめします。

❻ 組立て図

切り出した木材や既製品を使用して、各収納家具を組立てたときの完成図です。各木材がどこで使用されるためのものかを把握して材料を揃えましょう。

❼ プロセス

各収納家具を作成する手順を紹介しています。写真上に書かれたネジ穴位置の印や板を合わせるときの位置の参考にしてください。

◆ 注意点 ◆

- 木材は保管している環境によって反りが発生したり、ねじれたり、割れることがあります。本書で記している寸法はあくまで目安であり、実際に組立てた際に差異が出てしまう場合があります。
- 木材を1枚板から切り出すときは、ホームセンターでの裁断をおすすめします。
- 既製品とのアレンジで家具を作成する場合は、既製品の寸法に合わせてその他の材料を調整してください。
- 各ご自宅内での活用場所でのサイズを合わせて家具を作成したい場合は、適宜寸法を調整してください。
- 本書では板と板の結合部分は板厚を利用して印を付けているため、ネジ印の位置は基本的に板厚の中心としています。
- 木工用接着剤、塩ビ接着剤などの接着剤の乾燥時間の目安は、気温や湿度によって変化します。仮乾燥の場合は5～10分。完全に乾かすには24時間を目安としてください。
- 塗料の乾燥時間は30分～1時間を目安としてください。使用する塗料によって異なるので、お手持ちの塗料の説明書にしたがって使用してください。
- 工具や塗料は、お子様の手の届かない場所に保管してください。また、各工具の使用方法は、取り扱い説明書に従って正しく使用してください。

PART
1

DIYの基本

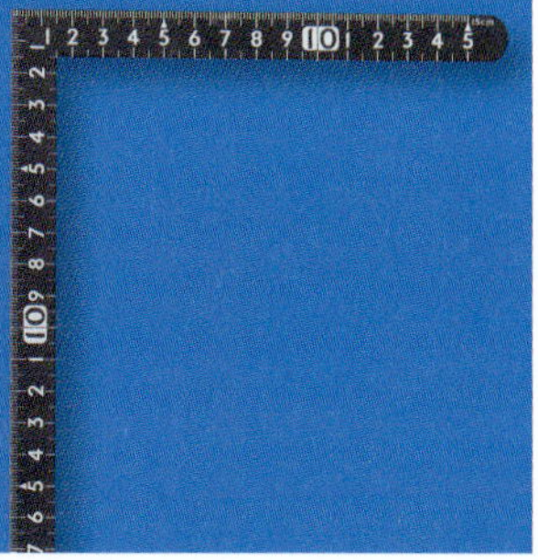

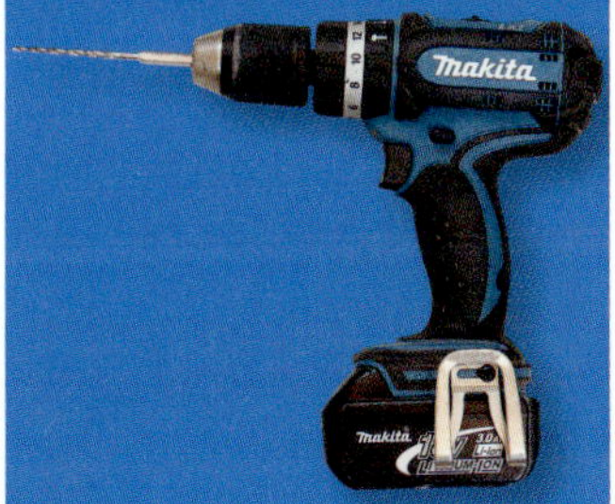

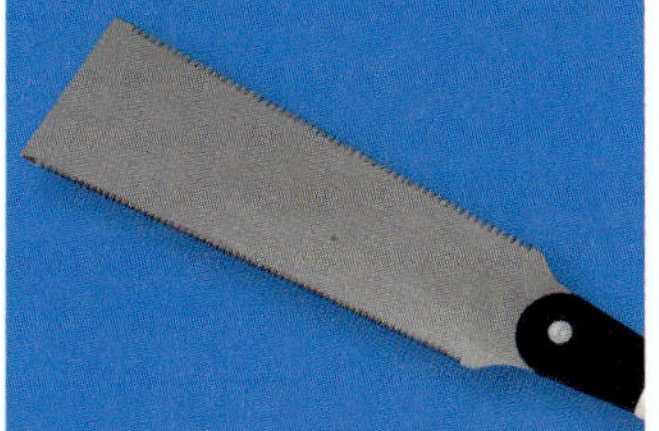

知っておきたい木材の種類や準備する道具、塗料のポイントなど、DIY を始めるにあたって基本となることを解説します。自分好みのアイテムをつくるためにしっかり学びましょう！

収納家具を自分でつくるメリット

自分でつくればうれしいことにたくさん出合える

メリット1 自分好みの**サイズ**でつくれる

▲例えば洗面所に棚がほしいとき、既製品では幅や奥行き、高さなどのサイズが合わないことがあります。そんなときは自分で収納家具をつくることで、ぴったりのサイズのものを置くことが可能になります！

必要なサイズを自分でつくり出す

既製品は決められた規格サイズに合わせて量産されているので、同シリーズで揃えると、奥行きはぴったりと合うものの横幅は合わない、なんてことも。自作すれば置きたい場所にぴったりのサイズの家具を配置できます。

POINT ぴったりサイズで部屋がすっきり

自分でつくる収納家具の最大のメリットは、サイズを自由に設計できること。デッドスペースにぴったり合ったサイズの家具が収まると、部屋全体がすっきりまとまって見えたり、スペースの有効活用にもなります。

理想の空間をDIYで生み出す

小売店や量販店、ネット通販など、家具を手に入れる手段や方法はいろいろあります。

しかし実際は、デザインは好みだけれど、ちょうど良いサイズがなかったり、目星をつけていた家具が廃盤になっていたりと、自分のしっくりとくる家具と出合うことはなかなか難しいものです。

ならば、自分で家具をつくってみてはいかがでしょうか。そうすれば、サイズの問題も解消できます。何よりも、自分が理想とする部屋の雰囲気に合うインテリアコーディネイトも可能になります。自分好みの心地よい空間を楽しむなら、家具を手づくりするという選択があっても良いでしょう。

メリット2 部屋に合わせた**デザイン**にできる

▲自分の部屋の基本カラーやテイストを決めている人も多いはず。DIY なら部屋の雰囲気に合わせて、自分好みの家具をデザインしてつくることができます。

ほしい家具が簡単に手に入る

白を基調とした清潔感のある空間、グリーンを取り入れたナチュラルテイストなインテリアなど、部屋の雰囲気は住む人の人柄が表れるものです。しかし、「落ち着いたおしゃれな部屋にしたい」と思うものの、理想とする家具やファブリック、小物に出合わなければ実現するのが難しいのが現状です。そこで、既成品の家具を配置するのではなく、家具を手づくりするのがおすすめ。あなたの理想を現実にする近道でもあるので、自分で家具をつくってみましょう。

メリット3 自分の家具に**愛着**が出る

▲塗りムラや傷なども長年使い込むと愛着がわいてくるのは手づくりならでは。時間を重ねていくことで、“味”が生まれる感覚を楽しみましょう。

大切にしたいモノに出合える

手づくりの収納家具は既製品にはない愛着が生まれることもメリット。失敗してしまった跡や、塗装時のムラも風合いとして生かされることが多く、苦労してつくった家具ほど当時の気持ちが蘇ってくることも。そして、使い勝手の良いようにカスタマイズしやすいのも、手づくりならではの良さです。アレンジを加えて長く使い込んでいけば、“味”も生まれ、愛着もさらに強くなっていくはずですよ。

STEP 2

収納家具のプランニング

収納家具を使っている自分をイメージしてみよう

プラン例【食器棚】

ダイニングに置きたい食器棚。冷蔵庫やダイニングテーブルなど、家電や大型家具とのバランスを考えて設置する位置を決めましょう。

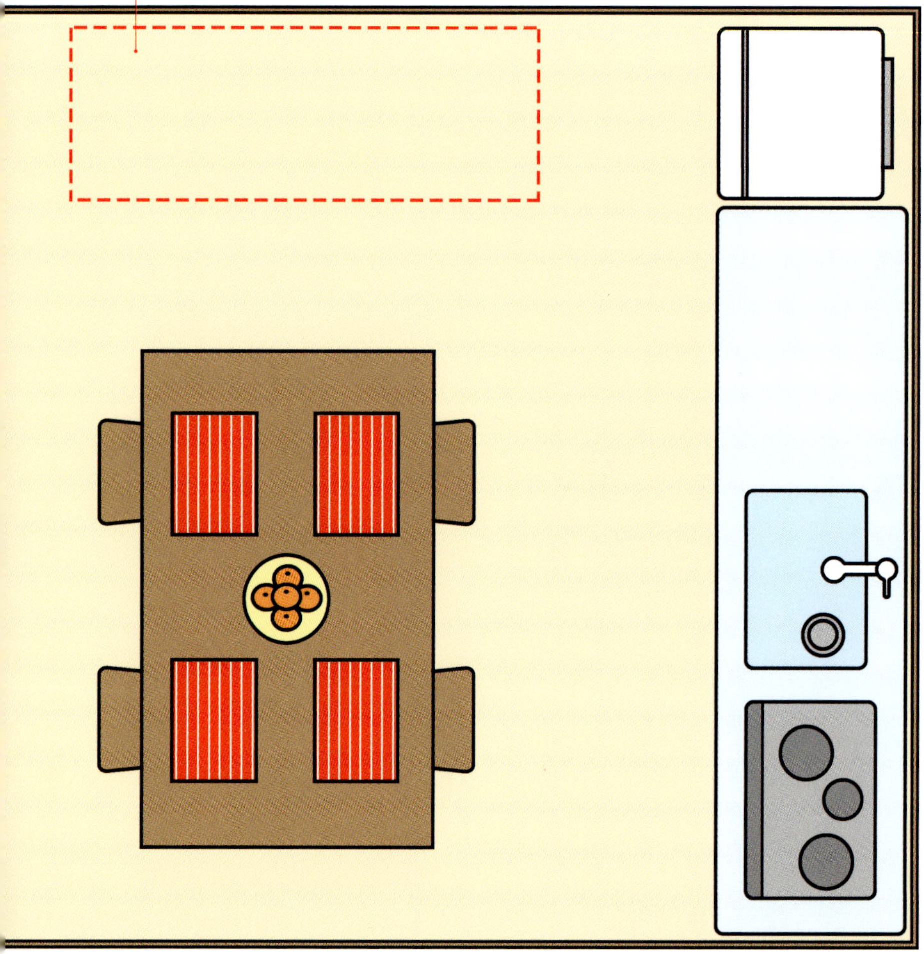

どこにどのような家具を置きたいかをイメージする

「部屋のテイストに合った本棚がほしい」「たくさん入る食器棚があればな……」などというときには部屋の雰囲気に合った家具を自分で手づくりするのが一番。

まずは、自作する家具は何に使いたいのか、何を収納するのか、どのようなテイストにしたいのか、じっくりプランニングをします。次に設置する場所を決めます。ぴったりとサイズを合わせるためにも配置するスペースをきちんと採寸しましょう。そして完成デザインを描きます。ペイントを施した仕上がりイメージを持っておくことで理想が現実化していきます。この時点で新たなアイデアが出てきたら描き加えてもいいでしょう。

未来の部屋をイメージしてプランを立てよう

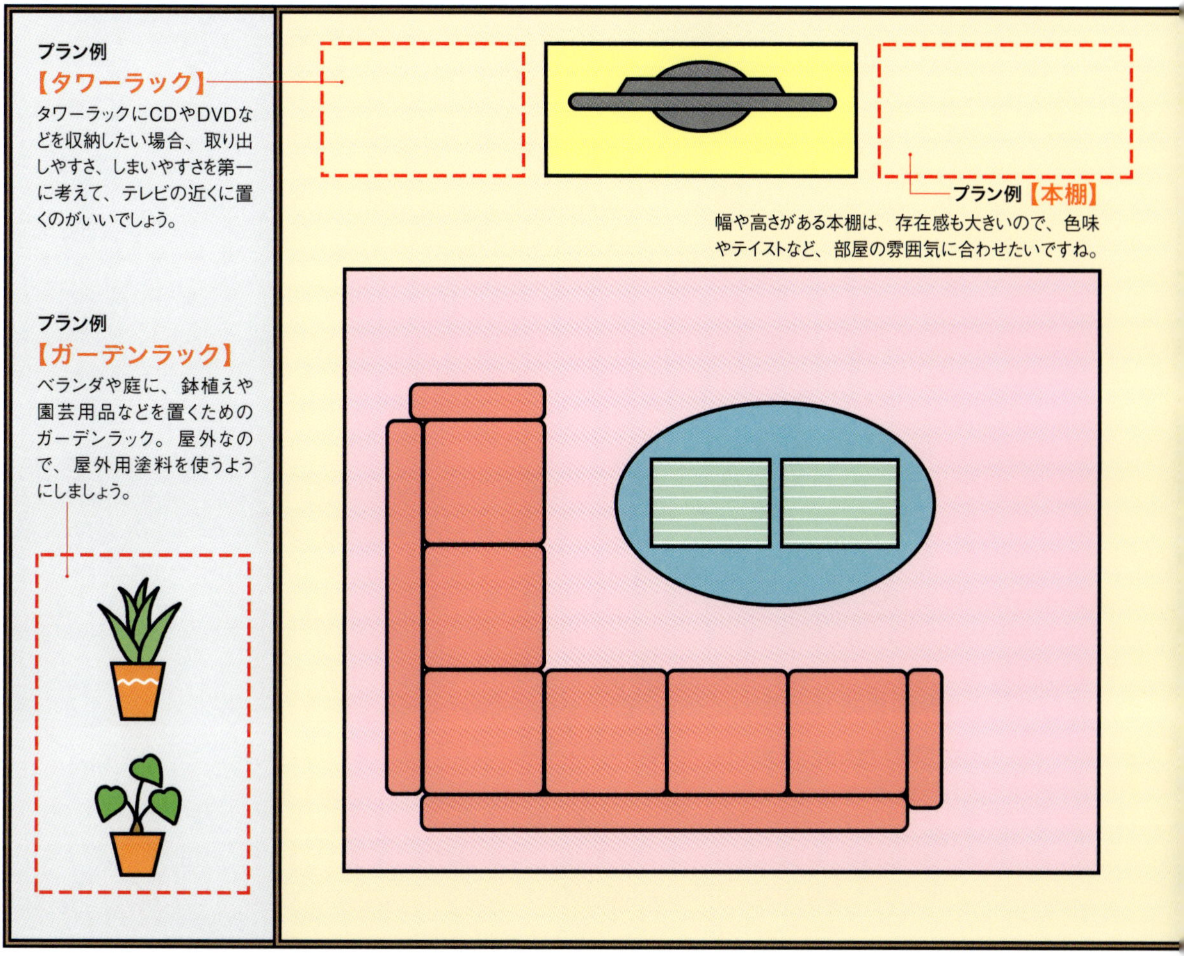
プラン例
【タワーラック】
タワーラックにCDやDVDなどを収納したい場合、取り出しやすさ、しまいやすさを第一に考えて、テレビの近くに置くのがいいでしょう。
プラン例
【ガーデンラック】
ベランダや庭に、鉢植えや園芸用品などを置くためのガーデンラック。屋外なので、屋外用塗料を使うようにしましょう。
プラン例【本棚】
幅や高さがある本棚は、存在感も大きいので、色味やテイストなど、部屋の雰囲気に合わせたいですね。

POINT プランニングの3つのポイント

1 どこで使うか

自分の家の中で家具をどこで使うかが重要なポイント。リビング、ダイニング、ベッドルームなど、それぞれの場所の特徴に合わせた機能性、デザインを自分なりに考えてからスタートしましょう。

2 何を入れるか

使う場所が決まったら、その収納家具に何を入れるかを考えましょう。サイズを自由に変えられるのも、手づくりならでは。棚にするのか引き出しにするのかなど、用途に合った仕様を決めましょう。

3 どんな雰囲気にするか

手づくりの収納家具は部屋の雰囲気や好みに合わせたオリジナルのデザインができる。仕上げ方によっては木材選びも変わるので、完成をイメージして、どんな雰囲気にするのかを決めましょう。

STEP 3

部屋の構造や条件でつくる家具を選ぶ

自分の部屋に合わせればつくり方も変わってくる

CASE 1 一軒家なら**自由な発想**で

▲壁面を使った収納は、限られたスペースの有効活用になることはもちろん、おしゃれな雰囲気の収納にできることも魅力です。家具を設置できる強度のある壁材なのか、どのようにすれば設置できるか家の構造を理解しましょう。

壁を利用した収納家具づくりが可能に

戸建てで持ち家の場合は、壁の施工を本人の希望によって行うことができます。たとえば壁が石膏ボードの場合は、専用のクギなどが使えます。壁に設置することで空間を有効に活用できます。設置前に強度や構造は理解しておきましょう。

POINT 作業できる範囲を確認しておこう

自分の住んでいる部屋はどこまでの作業ができるのかを意識しながら、プランニングしましょう。賃貸の場合は制約されることも多いので事前チェックが必要。条件を確認してから家具の仕様を考えましょう。

家の構造や条件を予め理解しておくことが重要

収納家具をつくるとき、自分の部屋はどこまで手を加えることができるのか、家の構造や条件を知っておくことが大切です。

たとえばウォールラックがほしいと思っても、壁の構造によって取り付け方や強度が異なりますし、賃貸物件であれば壁を傷つけることができない物件がほとんどです。最近では、壁に穴を開けずに壁面収納ができるアイデア収納アイテムがたくさんありますので、そういったアイテムを取り入れるのも良いでしょう。

また、作業する時間帯や場所も大切です。集合住宅の場合、遅い時間に大きな音を出すのはご近所迷惑のもと。また、ペイント時に発生するニオイにも気をつけましょう。

CASE 2
マンションなら**コンパクト**に

▲持ち運びできることは、マンションでは重要なポイントです。手軽に模様替えができるのも魅力。

組み合わせて利用アレンジを楽しむ

壁の構造によりますが、マンションやアパートは重量物を取り付ける施工ができない共用部分の壁があります。壁の見極めが難しい場合は、床置き収納家具を使うのが無難です。デザインや寸法が統一されたユニット式の家具であれば、組み合わせは自由で持ち運びやすく、模様替えもかんたん。また、マンションは動線も限られていますが、コンパクトな家具なら組み合わせ次第で、自由なアレンジが可能に。模様替えが楽しくなります。

POINT 収納インテリアづくりの4つのコツ

1 サイズ確認をしっかりと

プランニングの時点で採寸をしっかりとしておきましょう。板の厚さや長さなど、ちょっとしたことでミスを起こさないための基本的な作業です。

2 作業場所を確保する

狭い場所で作業するとケガやミスを起こしやすくなるので要注意。家具づくりの作業スペースを確保しておきましょう。

3 夜遅くまで作業しない

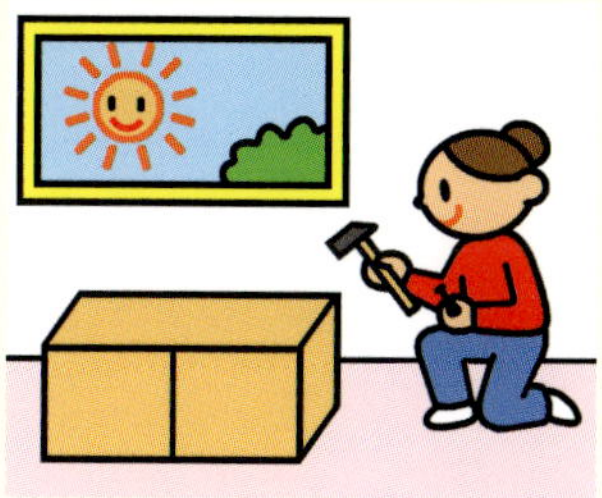
作業中は大きな音を立てることが多く、夜遅くまでやると、ご近所迷惑。自作なので、ゆとりのある作業工程を計画しましょう。

4 ホームセンターを活用する

ホームセンターで木材をカットしてもらうとラクちん。また、工具を借りられる工作室を利用して、家具づくりをするのもおすすめ。

STEP 4

木材の種類と選び方

木材の特徴を生かせる使い方をイメージしよう

木材の特徴を知ろう

無垢材

○メリット
木の質感を生かしやすい

△デメリット
乾燥によってそりやすい

丸太などから切り出した木材。天然素材ならではの、木の風合いやぬくもりを楽しめます。中には、未加工のためカンナがけされていないものもあります。

集成材

○メリット
そりが少なく加工がラク

△デメリット
湿気に弱く割れやすい

板材などを繊維の向きに合わせて張り合わせた木材。人工物なので素材の質が比較的均一で、強度も高め。一方、つなぎ目が目立つことがネックです。

合板

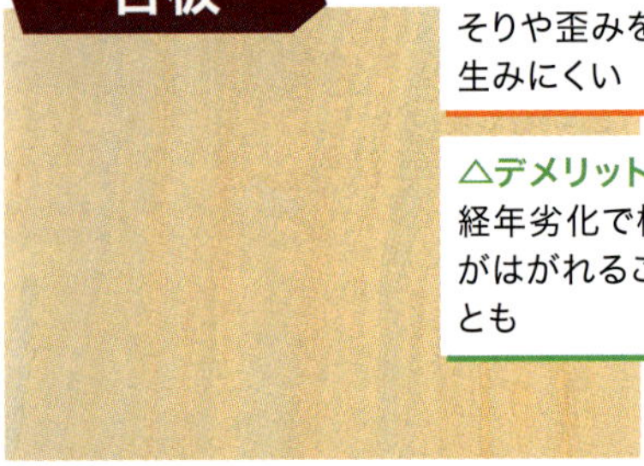

○メリット
そりや歪みを生みにくい

△デメリット
経年劣化で板がはがれることも

そりを生まないために薄い木材を奇数枚、張り合わせた板。サイズや厚さが豊富で、種類があります。低価格なことも魅力ですが、経年劣化に弱いという欠点も。

木材の違いや特徴を覚えるのがDIY上手への第一歩

木材は主に「無垢材」「集成材」「合板《ごうばん》」の3つに大別でき、素材や製造工程も三者三様。見栄えや扱いやすさ、かたさや耐久性、価格なども異なります。この3つの中でも使用している木の種類によって細分化できます。木材の知識を身につけておけば、自分がつくりたい家具とその用途に適したものを正しく判断して選ぶことが可能に。知っておくと仕上がりにも差がつきます！

素材の特徴と使用目的に合った最適な木材を選ぶ

ホームセンターに行くと、無垢材《むくざい》や集成材《しゅうせいざい》といった木工家具をつくるための木材を目にします。各素材の特徴を知って、適したものを選んでいきましょう。

たとえば、ナチュラルでぬくもりのある雰囲気を出したいなら無垢材を使用するのが良いでしょう。しかし、高価な天然木材ばかりを使用すると重たくて移動するのが困難だったり、コスト高になってしまう、なんてことも。見えない部分に使用する木材は安価なものにするなど、予算に応じて材料を選ぶことも重要です。

また、クギやネジをしっかり固定できるかたさなのか、家具のどの部分に使用するのかも考えて選ぶのもポイントのひとつです。

木材の規格を覚えよう

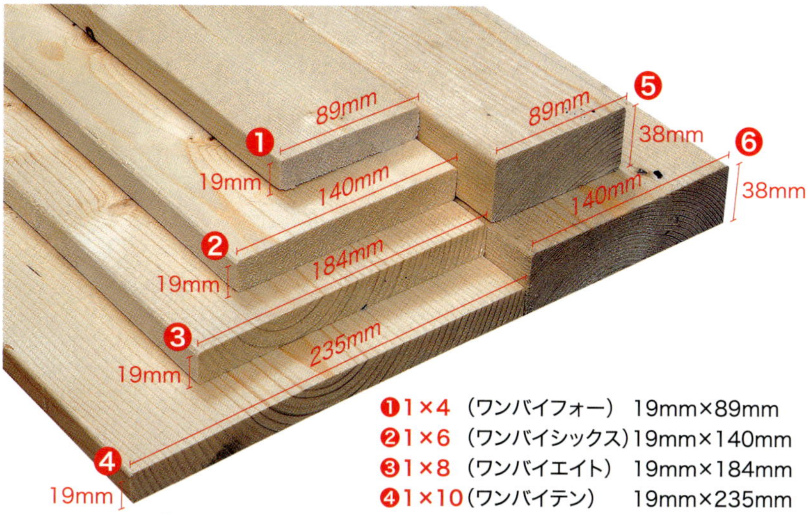

- ❶1×4 （ワンバイフォー） 19mm×89mm
- ❷1×6 （ワンバイシックス）19mm×140mm
- ❸1×8 （ワンバイエイト） 19mm×184mm
- ❹1×10（ワンバイテン） 19mm×235mm
- ❺2×4 （ツーバイフォー） 38mm×89mm
- ❻2×6 （ツーバイシックス）38mm×140mm

かんたんな 2×4（ツーバイフォー）材の規格を知っておこう

2×4（ツーバイフォー）材とは、北米において一般的な木材規格の寸法を表す言葉です。日本のホームセンターでも流通していてるので入手もかんたん。（板の厚さ）×（板の幅）を指していて、インチとフィートで規格されていますので、1＝19mm、2＝38mm、4＝89mm、6＝140mm、8＝184mm、10＝235mmと、覚えておくことをおすすめします。

POINT 木材を賢く選ぶ3つのポイント

1 カットの回数を減らす

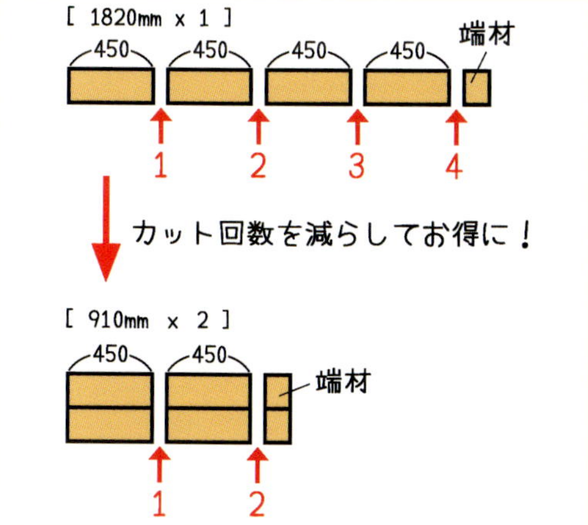

1820mmや910mmという長さで売られていることが多い木材。450mmの木材が4本ほしい場合、910mmを2回カットしてもらったほうが回数が少なくて得に。

※ホームセンターによってサービスが異なるので確認してください。

2 「そり」や「割れ」に注意

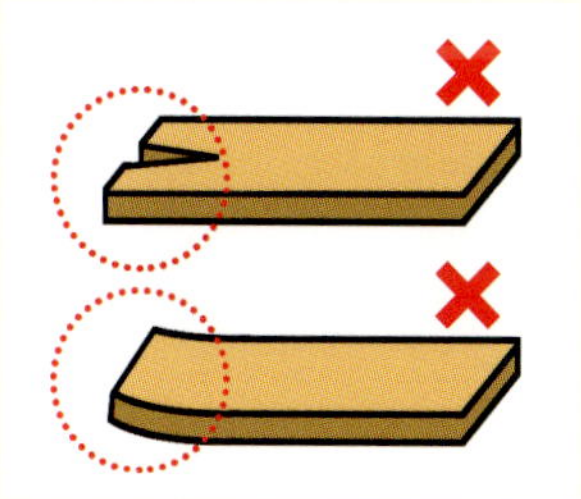

「そり」や「割れ」のある木材には注意。加工しにくかったりケガにつながる可能性もあります。

3 配送サービスも活用する

長い木材は重く、運びづらいので配送サービスを利用しましょう。購入金額が一定以上なら、無料で手配してくれるホームセンターも。

STEP 5

木材の特徴と使い方

素材の特徴を理解すれば、使いやすさも向上する

知っておきたい木の種類

無垢材 スギ

特徴
- 節が多い
- 加工しやすい
- 割れやすい
- 柔らかい

日本で最も普及している針葉樹林。価格がリーズナブルで初心者でも扱いやすく、家具や建材にも多く使われています。木目が美しいのもポイントのひとつ。

無垢材 ラワン

特徴
- 加工しやすい
- そりが少ない
- 柔らかい
- 耐久性が低い

東南アジアが原産の広葉樹の総称で、一般的に「ベニヤ板」と呼ばれています。強度があり加工しやすく、DIYにも向いていますが、クギを刺す際は割れやすいので注意が必要。

木材ごとに性質が違い用途も違ってくる

非常に強いもの、強くても重さが重たくなるもの、薄いもの、すぐに曲がってしまうものなど、木材にはそれぞれの特徴があります。その特徴を理解して、収納家具をつくりましょう。

たとえば、家具の骨となる脚の部分には、太くて強い素材を使い、背中の壁面などには、薄い木材を使って、重量を抑えたりすることがあります。単純に軽くなるだけでなく、運びやすさが向上したり、仕上がりの美しさも左右されることもあります。

既製品の家具であっても、よく見ると、用途ごとに木材が違っているのがわかりますので、材料を観察して、手づくり家具の素材選びの参考にしましょう。

合板 針葉樹合板

＋－ 特徴
- 節が多い
- そりが少ない
- 耐久性が高い
- 柔らかい

北半球の高山に生育するラーチの合板。ラーチとはカラマツ属の針葉樹で独特な木目や質感が特徴です。低コストで強度や耐久性にも優れています。

集成材 パイン材

＋－ 特徴
- 節が多い
- 加工しやすい
- そりが少ない
- 柔らかい

マツの無垢材の側面をはいで張り合わせた木材で、スギ同様に初心者でも扱いやすいのが魅力です。年月が経つと艶やかなアメ色に変化していきます。

合板 MDF《エムディーエフ》

＋－ 特徴
- 加工しやすい
- 割れやすい
- たわみやすい
- 湿気に弱い

針葉樹の繊維を細かく砕き、接着剤で固めた木質ボード。価格が安く、扱いやすい素材ですが、割れやすいため棚板にするには強度が弱いため、おすすめしません。

合板 シナ合板

＋－ 特徴
- 加工しやすい
- そりが少ない
- 塗装しやすい
- 表面がきれい

国産広葉樹であるシナノキを表面に用いた合板。きめ細やかな木目で見た目が良く、扱いやすいため、DIY の定番素材となっています。

2x4材 レッドシダー

＋－ 特徴
- 加工しやすい
- 耐久性が高い
- 歪みにくい
- 防虫効果あり

アラスカ南部〜カルフォルニア北部にかけて生育する木材。芯は赤みがかった暖色系でヒノキチオールという成分を含み、防虫効果もあるので、ウッドデッキ材として最適です。

2x4材 SPF《エスピーエフ》

＋－ 特徴
- 軽い
- 加工しやすい
- 耐久性が高い
- 柔らかい

SPFとはSpruce（えぞ松）、Pine（松）、Fir（もみ）の頭文字で、マツ科の針葉樹の総称を言います。これら3種類の木材を混成していて、非常に扱いやすく、DIY初心者におすすめ。

STEP 6

道具の種類と使い方

扱いやすい道具を用意して手づくりをスタートしよう

最低限の道具をそろえて手作り収納家具に挑戦

切断、接合、穴開けなどの加工をするときに使う道具は、安全性を考慮したうえでしっかりとしたものを選びましょう。安価なものや使いづらい道具を使用していると、事故につながってしまう恐れも。ネジやクギは用途によって長さや太さを使いわけましょう。

ここでは、使用頻度の高さを5段階表記しているので、ネジやクギはもちろん、星が3つ以上付いているものは揃えておくことをおすすめします。

用途で使い分ける**ネジ**と**クギ**

ネジ

ネジの頭
ネジ頭は＋と－だけでなく六角穴や四角穴などいろいろな形がある。

先端部分
先端部は写真のような巻先の他に、とがり先やくぼみ先などがある。

失敗してもやり直しやすい

材料を接合するときに電動工具を使うと作業時間が短縮できます。逆に回すことでかんたんに抜くことができます。本書では主に25mmと35mmの細ネジ、軸細コーススレッドと呼ばれるタイプを使用しています。

クギ

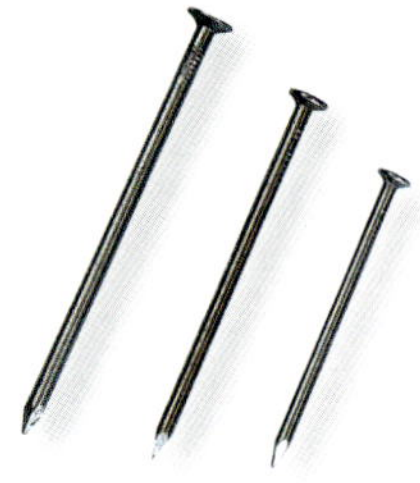

クギの頭
カナヅチで打つ都合上、頭は平らなモノが主流となっている。

デザイン性
真鍮クギなど見栄えの良いクギもある。

簡単に打ち込めるがやり直しは難しい

カナヅチで叩いて打ち込みます。電動工具を使用しない場合はネジよりもかんたんに接合ができて、小物の組立てや薄い板の場合は目立ちにくいのがポイント。打ち間違えたときはクギを抜くのが困難なことも。

POINT

材料の厚みから選ぶ

板の厚みが増すほどネジ、クギの長さや太さは大きくなります。基本的にネジは板厚の2倍程度、クギは3倍の長さが必要となるので、板の厚みに合わせてネジ、クギをそれぞれ使いわけましょう。

測る道具は正確さが命

サシガネ

価　　格：300〜2,000円
使用頻度：★★★★☆

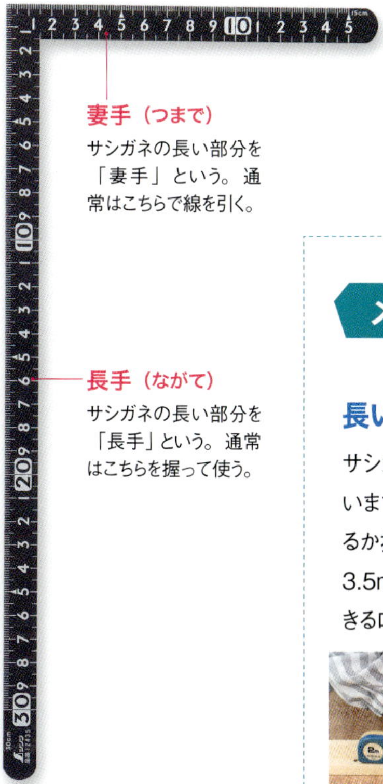

妻手（つまで）
サシガネの長い部分を「妻手」という。通常はこちらで線を引く。

長手（ながて）
サシガネの長い部分を「長手」という。通常はこちらを握って使う。

ネジを打つ位置に印をつけたり、切断する位置に線を引くことを「墨つけ」という。

寸法や線引きなどこれ1本でOK

L字型をした定規で内側と外側にミリ単位の目盛りが刻まれています。素材はステンレス製、アルミ製、プラスチック製があり、直角を計測したり、曲線を引いたり用途は多岐にわたります。

メジャー

価　　格：600〜3,000円
使用頻度：★★★☆☆

長い幅もラクラク計測できる

サシガネで測れない場所を測るときに使います。テープを伸ばし、爪を引っ掛けるか押し当てるだけ。よく使われるものは3.5mと5.5m。テープを途中で固定できるロックボタン付きがオススメ。

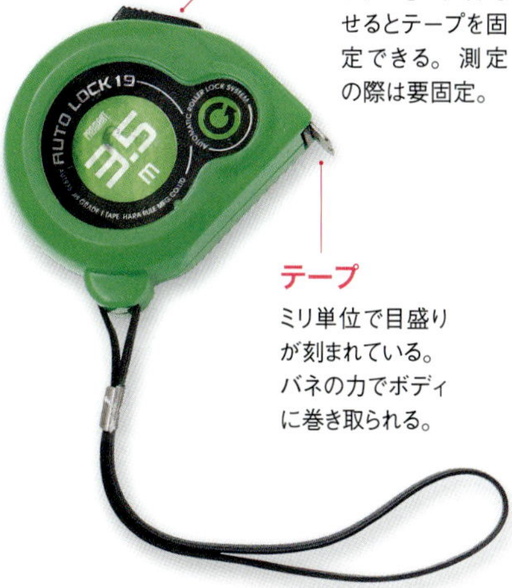

ボタン
ボタンをスライドさせるとテープを固定できる。測定の際は要固定。

テープ
ミリ単位で目盛りが刻まれている。バネの力でボディに巻き取られる。

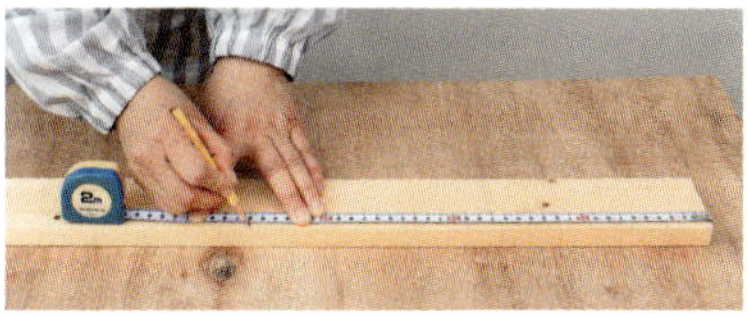

ツメを木材の端に引っ掛けてから、テープをまっすぐ引っ張る。

スコヤ

価　　格：1,000〜2,000円
使用頻度：★★★☆☆

精密な測定をこなすのに最適

サシガネと似たような形の定規で、測定などに用いる。違いはサイズが小さく、妻手が厚いこと。さらに妻手に長手がはめ込まれていて、サシガネよりも直角を正確に測ることができる。

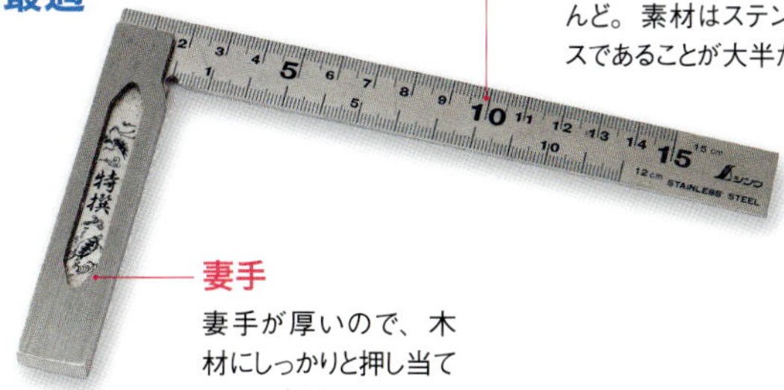

長手
150mmのものがほとんど。素材はステンレスであることが大半だ。

妻手
妻手が厚いので、木材にしっかりと押し当てることができる。

基本は角に押し当てて直角を図るのに使う。

スコヤには三角形のもある。こちらは45°の斜線を引くのに便利。

切る工程で欠かせない**ノコギリ**

ノコギリ

価　　格：2,000円前後
使用頻度：★★★★☆

細かい切断を行うのにピッタリ

細い木材や薄い木材はノコギリで切るのがベスト。種類はヨコ引き刃だけの片刃ノコギリと、ヨコ引き刃とタテ引き刃の両方を備える両刃ノコギリ（写真）があります。DIY用には刃の交換ができる替刃タイプが便利。

ヨコ引き刃
目が細かい。木目に対して直角や斜めに切るときに使う。

柄
滑りにくくなるように加工されているものが多い。

タテ引き刃
目が粗い。木目に対して縦に切るときに使う。

POINT 上手なノコギリの扱い方

切り始めのコツ

引いた線に親指とノコギリを合わせます。指を離して、ゆっくりと真っ直ぐ動かして切り込みを入れると切りやすくなります。

直線に切るためには

切り込みに合わせて、刃全体を使って切り下ろしていきます。押す力と引く力の配分が大切。［押す力］**3**：［引く力］**7**くらいがバランス良し。

クギ打ちで活躍する**カナヅチ**

カナヅチ

価　　格：600～2,000円
使用頻度：★★★☆☆

凸面（とつめん）
打ち込みの最後を凸面で打つと木材に打痕が残らずきれいな仕上がりに。

平面（ひらめん）
最初にクギを木材に打ち込むときに使う。

持ち方
柄の中央よりやや下側を持つのが、カナヅチの正しい持ち方。

クギ打ちのマストアイテム

クギを木材に打ち込むのに必要な道具。片側はクギ抜きなどになっている片口とクギ打ち面が両側にある両口とに大きく分けられます。写真は両面がクギを打つための面になっている玄能《げんのう》といわれるタイプのカナヅチ。ノミやカンナ歯の調整にも使用します。DIY 初心者には、きれいにクギ打ちができる玄能がおすすめ。

POINT 上手にクギを打つポイント

指でおさえてリズミカルに打つ

クギを軽く刺して、傾かなくなったら、力まずリズミカルにクギを打つ。その際、カナヅチの平面の中央にあてるように注意しましょう。

キリで下穴を開けると確実性アップ

慣れていなかったり、木材がかたいと上手にクギを打ち込めないので、キリで予め下穴を開けておくと真っ直ぐ打ちやすくなります。

効率的な作業ができる**電動工具**

電動ドライバードリル

価　　格：10,000円前後
使用頻度：★★★★★

穴開けの必需品

モーターでネジを回転させ、穴開けや、ネジを締めるときに使います。比較的柔らかい木材やデリケートな場所の穴あけやネジ締めに最適。木材に対して垂直に持つのがポイント。頻繁に使うので初心者の方も使いこなせるようにしましょう。

ドリルビット
木材などに穴を開ける部品。3mm、10mm、30mmなどと異なったサイズに交換できる。

チャック
ドリルの取りつけ部分。チャックの外側を回しドリルを装着する。

バッテリー
現在はコードレスが主流。充電式のバッテリーを装着して使用する。

ドリルは木材に対して必ず垂直にあてること！

チャック
内部は六角形になっている。ワンタッチでビットの交換が可能。

ボタン
ボタンひとつでドリル&ドライバーの正転と逆転を操作できる。

インパクトドライバー

価　　格：10,000円前後
使用頻度：★★☆☆☆

パワフルな打撃力が魅力

電動ドライバードリルの回転に加えて、打撃を付加させることで早くネジのしめつけができます。かたい材料や厚みのあるものの接合や大型の家具をつくるときに適しています。

ジグソー

価　　格：9,000〜30,000円
使用頻度：★★★☆☆

DIYビギナーにこそ必要な切断機

モーターで刃を上下させ、木材を切断する電動工具。曲線切りや斜め切りもかんたんで、刃はつけ替え式で厚板用や合板用、円切り用などがあります。木材の素材や切断箇所によって最適な刃を選ぶことができます。

難しい曲線もジグソーなら簡単。コツはゆっくり切ること。

ロックボタン
スイッチを入れたままロックボタンを押すとONの状態を維持可能。

ベース
木材を押し付けながら前進させて切る。角度をつければ斜め切りができる。

削る・磨く道具で仕上げる

トリマー

価　　格：12,000円前後
使用頻度：★★☆☆☆

面倒な面取りも機械で時短できる

木材の角を削る面取り作業や、溝を刻み込む溝切り加工をするときに使用します。ハンディタイプなので、片手でも扱えます。高速回転するビットという刃が、木材の角を均一に削り取ります。

面取りビットを装着して木材の側面に押し付けて使う。

調整つまみ
ベースプレートの位置を上下させて、ビットの出具合を調整する。

ビット
木材を削る刃。溝用や飾り切り用など種類も豊富。

ベースプレート
木材に押しつける部分。調整つまみによって上下に動く。

サンダー

価　　格：7,000円前後
使用頻度：★★☆☆☆

超効率的に磨き上げる電動マシン

木の表面を磨いて滑らかにするサンディングを電動で行う工具。サンドペーパーが付いた面を振動させて表面を研磨します。なお、サンドペーパーは取り替え可能なので、用途や素材に柔軟に対応が可能。

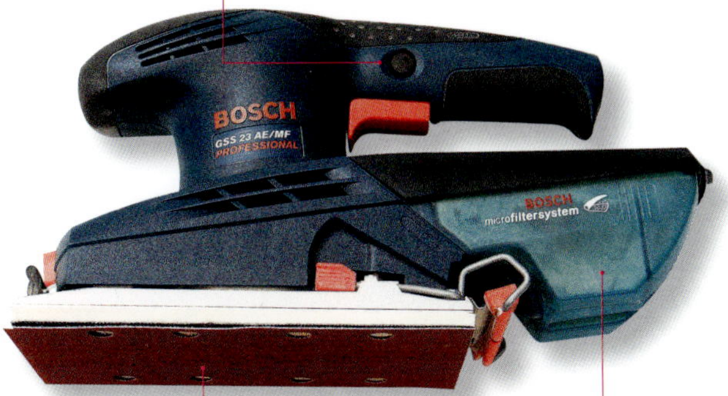

ロックボタン　スイッチを押しながらロックボタンを押せば ON の状態を維持できる。

パッド
サンドペーパーを細かく振動させて木材を磨く。

集じんボックス
サンディングで生じた細かい木片を吸収し集めてくる。

軽めに押しあてながらゆっくり動かす。力を入れすぎると工具の振動をとめてしまうので注意。

サンドペーパー

価　　格：100円前後
使用頻度：★★★★☆

表面を美しく磨き上げる

木材のざらつきをなくすのに使う道具。下地を整えるためにも使います。目が粗いものから細かいものまであります。裏面には番手という番号が記載されていて、数字が大きいほど目が細かくなっていきます。

木片に巻きつけて使うと、効率よく磨き上げることができる。

あると役に立つ**便利な道具**

クランプ

価　　格：1,000円前後
使用頻度：★★★☆☆

作業の安全性と正確性を高める

ノコギリなどで木材を切断するときに、作業台に材料を固定させることができます。手でおさえるよりも確実におさえられるので安全。また、接着剤を乾燥させるときに使うと固着させやすくなります。

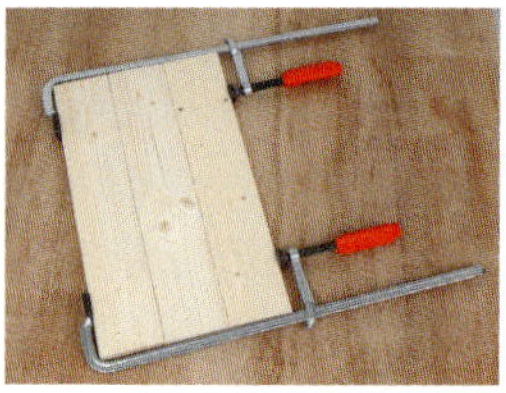

2か所を固定すればさらに安定するので、2個以上は持っておきたい。

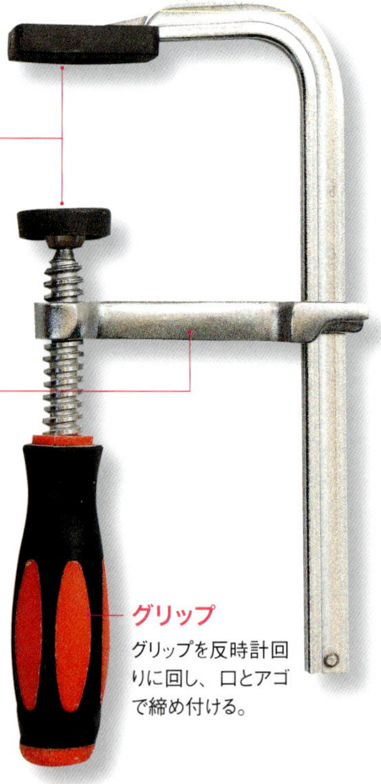

口
ゴムがついているので、木材を傷つけずに固定することが可能。

アゴ
アゴが上下することで、木材と作業台をガッチリと挟み込む。

グリップ
グリップを反時計回りに回し、口とアゴで締め付ける。

※写真はＦ型クランプ

POINT　固定する材料と作業台の厚みを確認

クランプには最大口幅が記載されているので、材料の厚みと作業台の厚みなども頭に入れておきましょう。グリップ部分を握って片手だけで締めることができるクイックバークランプ、バネの力で仮止めするパワークランプなど種類も豊富。初心者は、材料の固定や切削作業時に押さえつけやすいＦ型クランプをおすすめします。

▲パワークランプ

▲クイックバークランプ

タッカー

価　　格：700円前後
使用頻度：★★★★☆

木材もまとめられるステープラー

木工用のステープラーと言っても過言ではない工具。家具に布や革を張ったり、薄い合板《ごうばん》を張りつけるときに使用します。さまざまな種類があるが、工作用にはガンタッカーを用いるのが一般的。

ステープラーのように挟むのでなく、ヘッドを押しあてます。

ヘッド
タッカー針が飛び出て、木材などを貫き、ひとつにまとめる。

ハンドル
ハンドルを握ることでステープラーのようにタッカー針の爪を外してとめる。

ダボ切りノコ

価　　格：1,000円前後
使用頻度：★★★☆☆

独自の形状で材木を傷つけない

ダボとは木材を接合するときに使用する木製の棒で、木に穴を開けてダボを差し込んで接合します。ダボ切りノコとは、接合したときにはみ出たダボを切るときに使用します。刃が外側に曲がっている「あさり」タイプの刃ではないので真っ直ぐきれいな切り口になります。

刃
通常のノコギリのように刃にあさりがなく、木材を傷つけない。

刃をしならせることができるので、ダボをきれいに切り取れる。

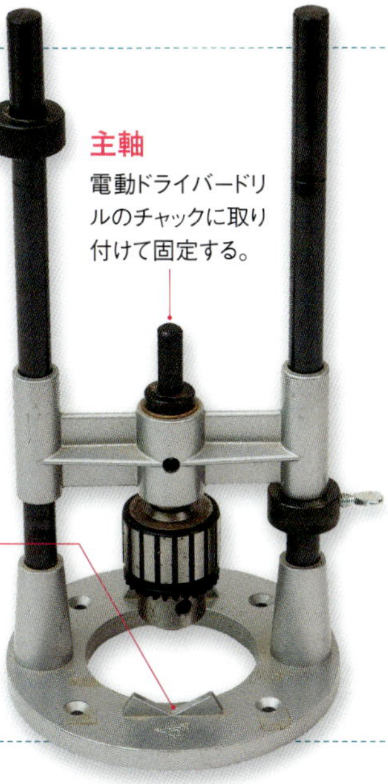

ストッパーリング
ストッパーリングの位置によって、穴の深さも正確に調整できる。

主軸
電動ドライバードリルのチャックに取り付けて固定する。

V溝ブロック
溝に角材や丸棒を設置することで正確に穴を開けられる。

垂直ガイド

価　　格：4,000円前後
使用頻度：★★★☆☆

垂直な穴が開けられるようになる

電動ドライバードリル（P.26）のチャック部分に垂直ガイドの主軸を取り付けることによって、木材に対して垂直に穴を開けることが可能になります。

電動ドライバードリルに負担をかけないようにゆっくり上下させる。

接着剤

価　　格：100円前後
使用頻度：★★★★★

【木工用接着剤】扱いやすくビギナーでも安心

安価で使いやすく、安全なのが特徴。一方で水性のため水に弱く、また固定までに時間がかかかってしまうのが欠点。

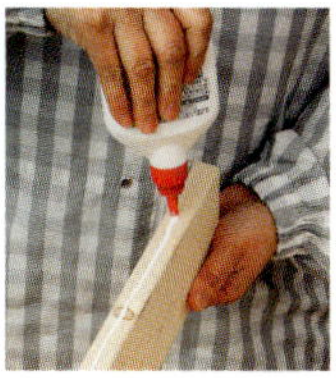

外れてしまっても、何度でもつけ直せるので、木材を仮固定させるときによく使う。

POINT 塩化ビニール用接着剤は柔軟性と耐水性が長所

粘度は低いけれど、すぐに乾きます。固まっても柔軟性を残し、透明なので見栄えが良くなるのも魅力です。耐水性にも優れています。

均一に接着剤を塗るために少しずつ塗りつける。

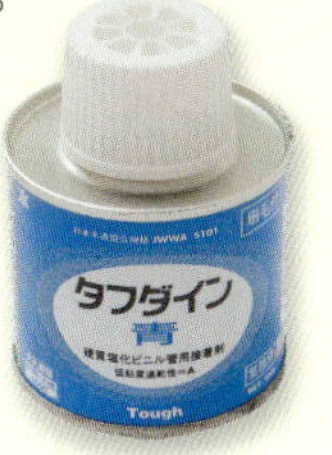

STEP 7 布や金具でアクセントをつける

お気に入りの素材を使ってアレンジに挑戦

布を使うとイメージが変わる

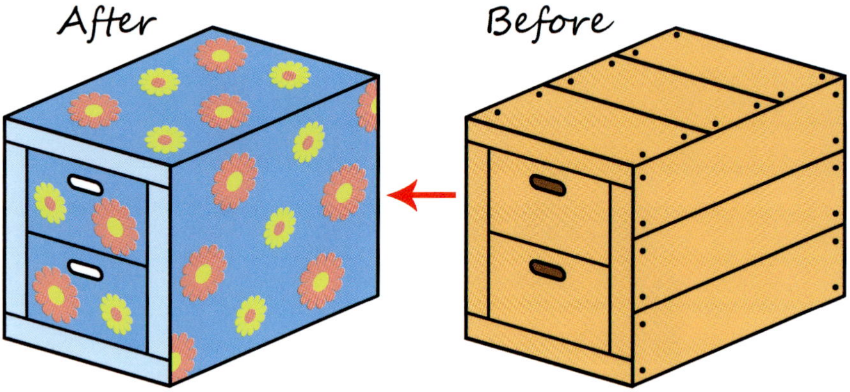

▲つくった家具が味気ないと感じたら、布を使ってイメージを変えてみては？ お気に入りの布を使ってアレンジしよう。

布はDIYの最高のパートナー

ハギレや余り布は捨てずにとっておきましょう。お気に入りの布を家具やふすまなどに貼れば、素っ気ないインテリアも華やかに。空間の印象もかんたんに替えることができるので、ストックしておくと良いでしょう。

POINT 布を使って部屋の色味を調和させる

布を使用する際は部屋全体のバランスを見るようにしましょう。壁や床、机などインテリアのデザインやカラーに合わせたり、またソファやイスなどに布が用いられている場合は、素材を合わせて統一感を生み出すのがおすすめ。

金具や布を使うことで家具の表情が変わる

手づくりの収納家具の面白いところは自分なりのアレンジが無限大ということ。色を塗り替えることや、取っ手などもかんたんに替えることができます。もし色を塗るのが大変なら、お気に入りの布を貼りつけてみても良いでしょう。布なら汚れたら貼り替えればいいし、柄を変えるだけで雰囲気もガラッと変化します。

取っ手などの金具はリサイクルもできますし、アンティークショップなどでかんたんにさまざまな種類を手に入れることができるので、ストックしておくと良いでしょう。

また、リモコンボックスなどの小物ならば、マスキングテープを使ったアレンジがおすすめ。色や柄の展開が豊富なので好みのテープを貼って楽しみましょう。

金具やマスキングテープも好みで付ける

金具パーツ

価　　格：100円前後
使用頻度：★★★★☆

デザイン性と機能性をもたらす

金具には、家具の補強をするものや、丁番《ちょうばん》のように材料を接合するもの、取っ手のように装飾品としての役割も担うものなどがあります。金や真鍮《しんちゅう》など素材によって価格が異なり、さまざまなデザインのものが流通しています。

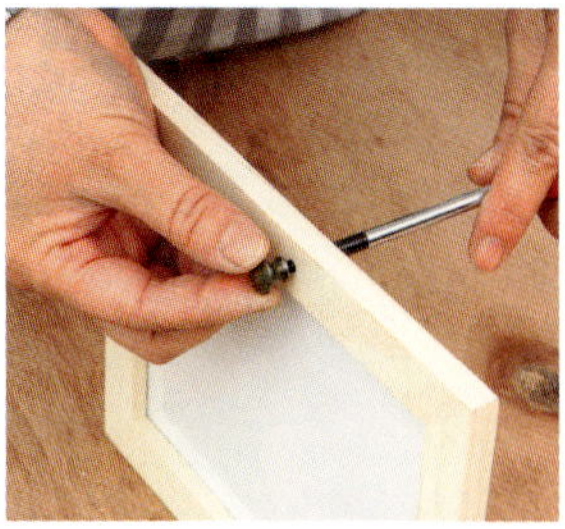

取り扱いが難しそうに思えるが、穴を開けてねじ込むだけなので実はかんたん。取り外しもラクなので、気分によって変えるのもアリ。

マスキングテープ

価　　格：100～300円
使用頻度：★★★☆☆

手軽に雰囲気を変えられる万能素材

マスクする（覆う）ことが目的のテープ。粘着力が弱く、はがしやすいため、貼った物を傷つけたり痕を残したりしません。色や柄など種類も豊富で価格も安いので、お気に入りが見つかるまで、いろんなテープを試してみましょう。

家具の側面に貼ってイメージチェンジ。単一のテープで統一してもよし！　あえて分けてみるのもよし！　思うがままにデザインできる。

POINT

クッションスポンジと布を使ってみよう

緩衝剤として用いられるウレタン。「軟質」「低反発」「吸水」など多様なラインナップがあります。布と木板で覆えばイスの座面に。部屋の雰囲気に合った生地を選んでみましょう。

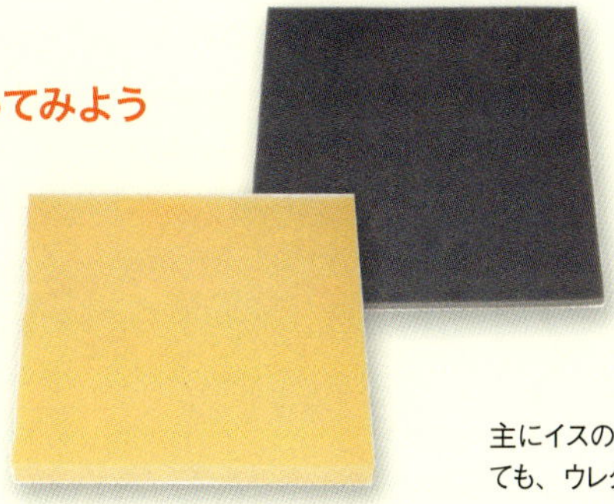

主にイスの張り替えなどに用いる。同じように見えても、ウレタンの種類が違うと座り心地も異なる。

STEP 8

塗装して完成度を上げる

自分スタイルのオリジナルデザインは塗装で決まる

塗装の流れを知ろう

▲基本的に「下地の処理」→「塗料選び」→「塗装」→「乾燥」というプロセスをていねいに行うことで完成度の高いアイテムに仕上げることができます。

最後の作業で最大の変化が生まれる

一般的な塗装の手順は、木材の表面を整えることからスタート。表面を滑らかにすることで、仕上がりが美しくなります。そして好みの塗料を選び、塗っていきます。塗料によって乾燥時間も違うので注意しましょう。

POINT

家具によって塗装のタイミングを考えよう

組み立ててから塗装する方が完成イメージを想像しやすいですが、ハケの届かない場所や塗り分けする場合は、パーツの段階で塗った方が良いこともあります。ただし、塗装によって固定力が弱まることもあるので注意が必要です。

印象を左右させる塗装は家具づくりの要！

手づくり家具の最終段階ともいえる仕上げ。完成スタイルをイメージして自分なりの仕上げ方法を選んでいきましょう。もちろん塗装をせずに、木の風合いを生かすのもひとつ。

　しかし、塗装することでポップな印象にも、重厚感のあるシックな印象にもなるので、自分好みに変化をつけたいのなら、ぜひ挑戦してみましょう。

　また、塗装後にサンドペーパーなどで荒らしたりすることでアンティーク調に仕上げることもできます。仕上げの塗装次第でさまざまな表情に変化しますので、部屋全体の印象に合わせたスタイリングに仕上げてみましょう。そうすることで愛着も湧きます。

塗装に**必要な道具**

ビニール手袋

塗装をする際は、手に塗料が付着してしまいます。そのため、使い捨てのビニール手袋があると便利。

ハケ

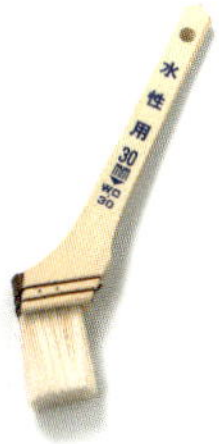

ハケは水性と油性用があり、毛は化学繊維と獣毛がある。化学繊維は水性、獣毛は油性に向いています。複数本あると便利です。

塗料

ミルクペイントや水性ステインなど種類は豊富。それぞれの特徴を理解したうえで着色しましょう。

下げ缶

塗料を入れる器。濃度の調整に使用することもあるので、複数用意しておきましょう。

受け皿

ローラーに塗料をつけるための道具。受け皿にビニールシートを被せて使うと後始末が楽に。

ローラー

ローラーは広い面を塗るのに最適な道具。サイズが豊富なので複数用意しておくとよい。

新聞紙

作業スペースに敷いておきます。塗装した木材を直接置くとくっつくので、割り箸などを間に置きましょう。

スポンジ

塗料を染みこませて木材を塗るときに使います。ムラをつくってアンティークな雰囲気に仕上げるときなどに便利。

マスキングテープ

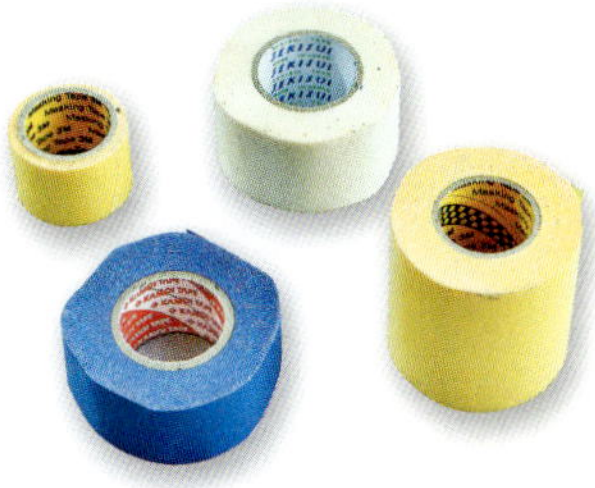

塗装する際に塗りたくない場所に貼り、保護する役割を果たします。テープは隙間なく貼ることが大切。

STEP 9

塗料の種類と特徴

さまざまな仕上がりを知って、お気に入りを見つけ出そう

どう仕上げるかで塗料を決める

ミルクペイント

価　　格：500〜1,000円(450ml)
使用頻度：★★★★☆

天然素材ならではの色味と扱いやすさ

その名のとおり、ミルクが原料の水性塗料で天然由来なので環境にも優しい。質感が良く、のびやすく塗りやすい。マットな仕上がりになるため、アンティークな雰囲気を演出できます。

＋－ 特徴

- 塗料自体の質感が良い
- 環境にも優しい
- のびが良く塗りやすい
- マットな色味となる

水性塗料

価　　格：500円〜(容量によって異なる)
使用頻度：★★★★☆

扱いやすいのに応用力も抜群

30〜120分で乾燥するため、短時間で仕上げることが可能に。さらに「違う色で二度塗りをする」「水で薄めて木目を生かす」など応用が利くため、DIYでは人気の高い塗料です。

＋－ 特徴

- 乾燥しやすい
- 使い勝手が良い
- 塗料のニオイが弱い
- 濃度を調整しやすい

仕上がり、性質の違いを理解して、理想へ近づける

イメージと用途に合わせて適した塗料を選ぶのも楽しいものです。まず、水性と油性に大別できます。油性の塗料は比較的塗料の密着性が強く、金属面などを塗るのに適しています。乾燥時間も早くて耐久性がある半面、独特のニオイがあるので、室内の壁など大きな面積を塗装するのは避けたほうが良いでしょう。

一方水性塗料は、油性に比べて密着性は劣り、乾燥時間は短く、安価でニオイも少ないので扱いやすい塗料といえるでしょう。中には牛乳のたんぱく質を原料とするミルクペイントと呼ばれる塗料もあります。環境や人体に考慮した塗料もありますが、室内で塗装をするときは必ず窓を開けて換気は十分にしてください。

スプレー

価　　格：300〜1,000円(300ml)
使用頻度：★★★☆☆

種類が豊富で特徴もさまざま

素材の質感を出しやすい。水性や油性、ツヤを出すラッカーやウレタンなど種類があり、乾燥時間や特徴が異なります。木材には水性と油性を使用します。メッキ調や石調など、さまざまな仕上がりにする、特殊なタイプも近年多く見られます。

+− 特徴

- 木の持ち味を生かせる
- 種類が豊富にある
- さまざまな用途に対応可能
- 塗るのにコツが必要

オイルステイン

価　　格：1,000円前後(300ml)
使用頻度：★★★☆☆

木材の魅力を引き出せる

木材の着色に使われる半透明の塗料。水性と油性の２種類があります。塗膜を発生しないため、木目や風合いなどきれいに見せることができるのが特徴です。

+− 特徴

- 塗膜を発生しない
- 木の持ち味を生かせる
- ニスを併用し仕上げる
- 木材の保護能力はない

オイル

価　　格：1,500円前後(200ml)
使用頻度：★★★☆☆

深い色味と鮮やかな風合い

着色オイルとクリアオイルの２種類がある。前者は深い色味でアンティークな雰囲気を、後者は木の風合いを強調しナチュラルさを演出してくれます。

+− 特徴

- 塗膜を発生しない
- 木の持ち味を生かせる
- 木の色味が際立つ
- 光沢を生み出せる

ワックス

価　　格：1,500円前後(120g)
使用頻度：★★☆☆☆

他の塗料の魅力も引き出す

仕上げに使うことが多い塗料。水性と油性がある。材料の表面を保護し、木の質感も生かせる。他の塗料と合わせて色の深みや光沢を出せる。塗膜が熱に弱いので注意。

+− 特徴

- 塗膜を発生する
- 材質の表面を保護する
- 木の質感を生かせる
- 塗膜が熱に弱い

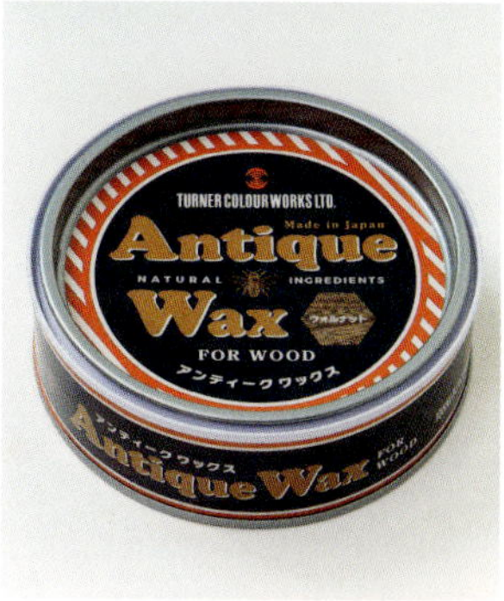

STEP 10

塗装のポイントを知ろう

ゴールは間近、ひとつひとつの作業は慎重に

塗装前のポイント

ポイント1 下地にサンドペーパーをかける

木材の表面が荒れていると、塗料が上手くのらないことがありますので、表面を滑らかにするためにサンドペーパーをかけておきましょう。

ポイント2 塗料がつかないように養生する

塗料が壁や作業台につかないようにしっかりと養生します。養生テープとビニールシートがついたタイプも販売されています。

ポイント3 塗料の入っている容器を振る

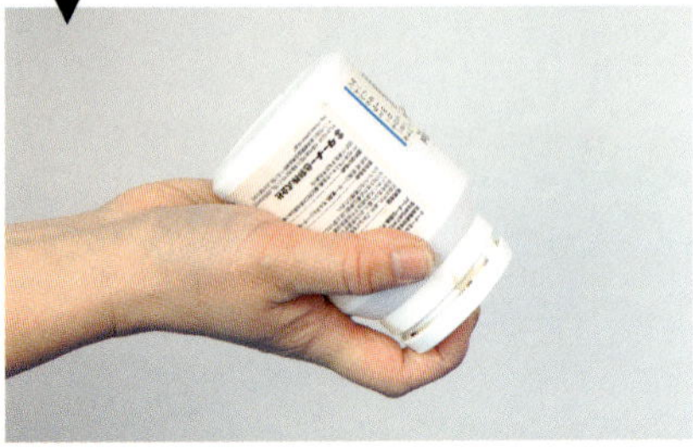

塗料はよくかき混ぜて使用しなければ、本来の発色、性能を発揮できません。フタを開ける前にゆっくり容器ごと振って、よく攪拌する。

ポイント4 素材の表面を布でしっかりふく

素材の表面が汚れていると、塗装面に汚れが付着してしまうので、布などでしっかりと拭いておきます。サンディングしたときは特に注意。

作業での細かい気配りが大きな効果を発揮する

塗装のポイントは入念な下準備です。よく乾燥させてからサンドペーパーで研磨し、ホコリが付着していないか確認してから、きれいなハケで木目に沿って塗装していきましょう。塗りたくない箇所はマスキングテープでていねいに養生しておくことも重要です。

研磨せずに塗ると、デコボコした面に塗料が行き渡らずにムラが目立ち、目の細かすぎるサンドペーパーでツルツルに仕上げると塗料の吸い込みが悪く、なじみません。

サンドペーパーの番手は40～2000番くらいありますが、塗装前の仕上げに使うなら240～320番くらいの粗さ、塗装後の表面を磨くときなどは600～1000番くらいが適しているといえます。

!作業中・お手入れのポイント

ポイント1 マスキングテープでカバーする

つまみや取っ手など、塗装時に塗りたくない場所はマスキングテープでカバー。しっかりとカバーしないと思わぬところに塗料がつくことも。

ポイント2 ハケの先端の抜け毛を確認

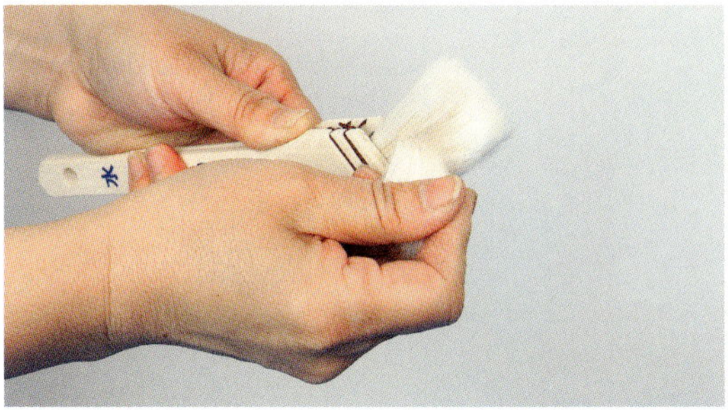

ハケの抜け毛が塗装面に残らないように、塗料をつける前にハケの先端を手でなでて、浮いた毛をしごいておきます。

ポイント3 ハケに塗料をつけすぎない

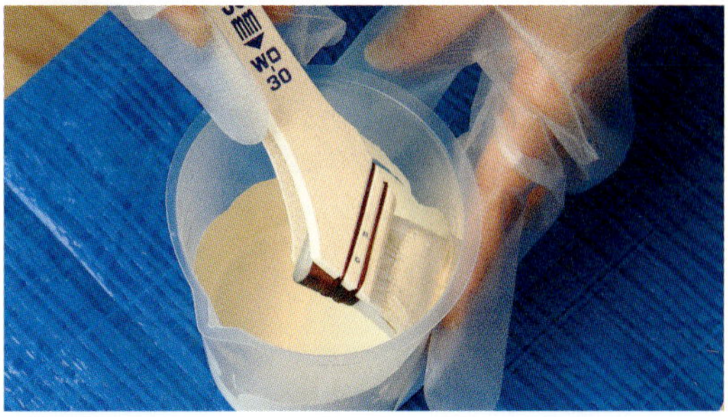

ハケに塗料がつきすぎると塗りにくく失敗にもなるので、先端2/3 程度に塗料をつけ、余分な塗料は容器内で軽くしごきます。

ポイント4 ワンストロークを長く塗る

塗りムラなどを防ぐために、たとえかすれたとしても、ハケを止めずに長いワンストロークで一定方向に塗っていきます。

ポイント5 木目に沿って塗料を塗っていく

塗装しているときは木目に沿ってハケを動かします。木目の間にもしっかりと塗料を塗ることができて、きれいな仕上がりに。

ポイント6 細かい場所などは綿棒を活用

垂直に立ち上がった部分など、ハケで塗れない箇所が出てくる。そんなときは綿棒を使えば簡単に塗装できる。狭い場所などにも便利。

COLUMN 1

塗料を使い分けて アレンジしてみよう

▼黒板塗料を塗ればチョークペイントも可能。臭いの少ない水性のものがおすすめ。

▲メッキ調のスプレーは、アンティークな風合いがかんたんに再現できる優れもの。

DIYの最終工程・塗装は、家具の印象を左右させます。PART 1でも紹介しましたが、自分がどのようなテイストの家具にしたいかで選ぶ塗料もかわります。木目を生かしたアンティーク調の風合いを楽しみたいなら、塗りムラができにくく、DIY初心者でもかんたんに扱えるオイルステインを使ってみてください。塗っている途中で濃いと感じたら、オイルステインが浸透する前にタオルで拭き取れば濃さの調整が可能です。

また、木目を生かさないカラー塗装で仕上げたい場合や、水性塗料をきれいに発色させたいとき、既存の家具の色を替えたいときは、本塗りする前に、白色の塗料を全面に塗ってから好みの色の塗料を塗ってみてください。美しく仕上げるコツは2回塗りをすることです。2回できれいにならない場合は3回塗りをしましょう。

塗装に失敗したら、水性塗料の場合はサンディングを行ってから上塗りをしましょう。塗っていた色よりも、濃い色で上塗りするなら、すべてをサンディングしなくても良いので修復もかんたん。

しかし、オイルステインは木に染み込むので、サンディングでキレイに落とすのは大変です。塗る前に試し塗りを必ずしましょう。

最後に、塗装が完了して片付けをするときは、受け皿（バット）に残った塗料をそのままにするのではなく、新聞紙などに擦りつけて取り除きます。塗料がついたハケも同様です。そして、塗料が染み込んだ新聞紙は各自治体の指示に従って処理を行ってください。余った塗料は排水溝に流さず、水性塗料用固化剤を使って廃棄しましょう。

ATTENSION!

イメージの色かどうか試し塗りで確認！

木の素地の色味や木目などによって、塗料の見本と実際の色が違うことがあります。「塗ってみたら、イメージの色と違った」という失敗を避けるためにも、目立たない部分や余った木で、試し塗りをしてから本塗りをしておきましょう。

PART
2

実践 ①

【1時間以内でできる収納家具】

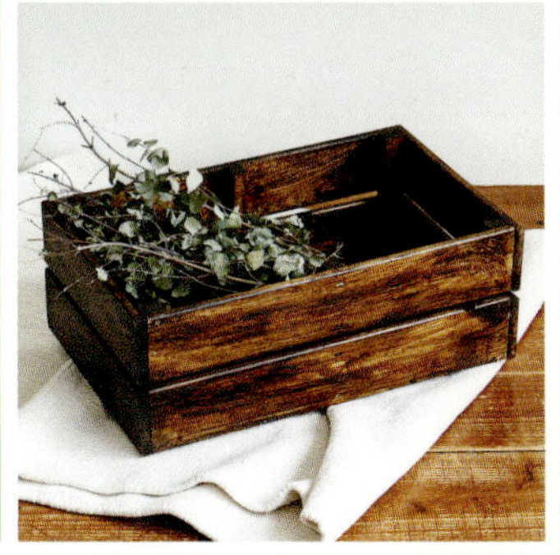

すのこやカラーボックスなど、手に入りやすいアイテムを使って簡単な収納家具がつくれます。いきなり大きな家具をつくるのは不安…という人は、1時間以内でできる収納家具から実践していきましょう！

すのこアレンジ

万能棚

印付け、ネジ打ちだけで初心者でもかんたんにできるすのこアレンジ。木工入門としては最適な作品。

所要時間 1時間
※塗料の乾燥時間は含まず

予算 1,780円
※塗料は含まず

道具
- □ 鉛筆 □ サシガネ
- □ 電動ドリルドライバー
- □ 木工用接着剤 □ ヘラ
- □ ビニール手袋 □ ハケ

材料
- □ 桐すのこ(長さ750mm)×5枚
- □ 1×4材(長さ1820mm)×1枚
- □ 細ネジ(長さ25mm)×66本
- □ ミルクペイント(白)

※本書では幅330mm×長さ750mm×厚み30mmのすのこを使用しています。背板の長さは、使用するすのこのサイズを事前に確かめ、調整してから切り出しましょう。

木取り図

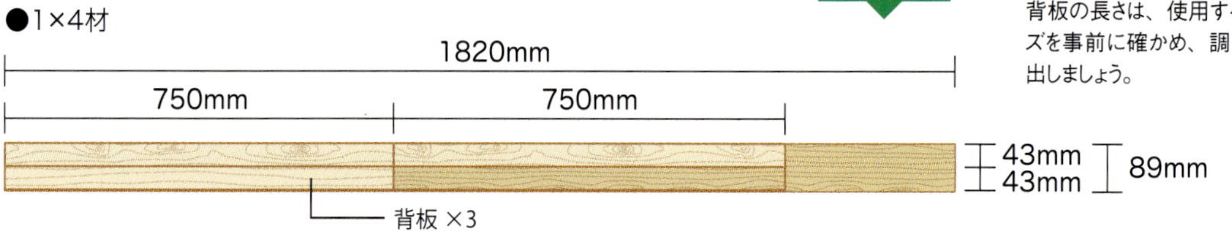

組立て図

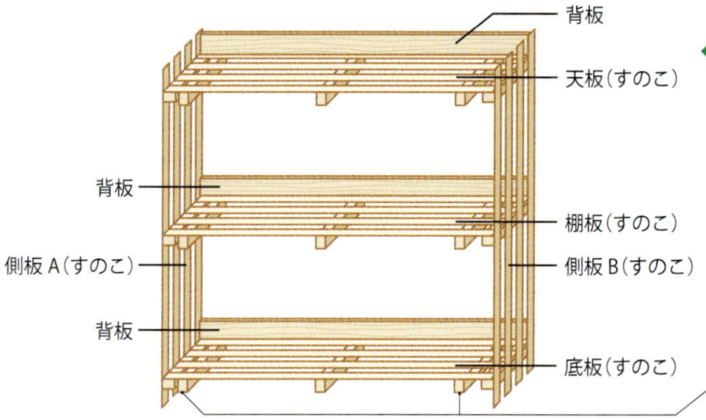

※販売されているすのこは、ものによって桟の位置が両端で異なることがあります。

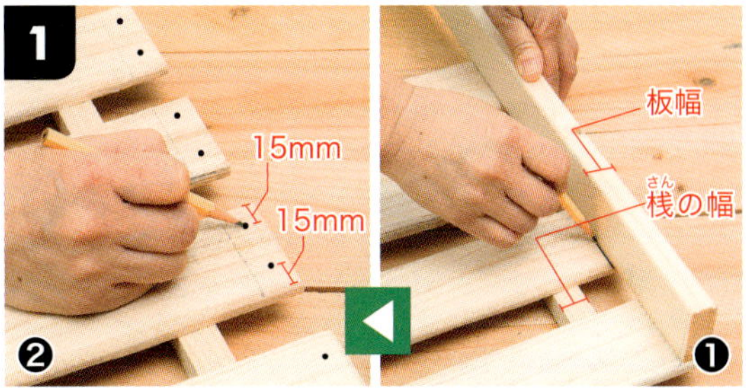

天板、棚板、底板に印を付ける

底板の両端にすのこの桟の幅の板（直接すのこの桟を使うと良い）を添え、板幅のところに鉛筆で線を引く（写真❶）。線を引いたあとに、すのこの各板に15mmのところで全48か所にネジ穴の印を付ける（写真❷）。棚板、天板も同様に行う。

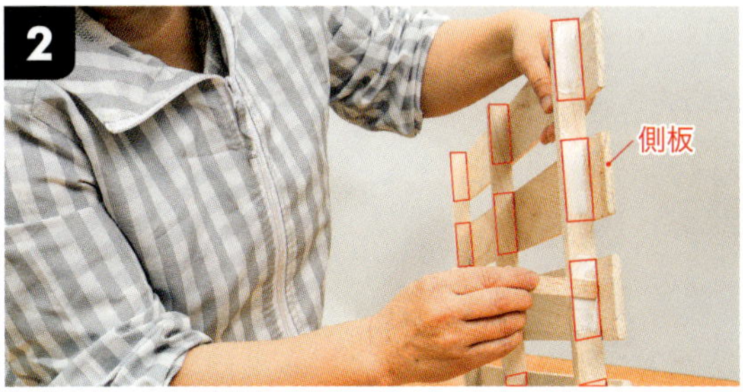

側板に接着剤を塗る

ヘラを使い、側板A・Bを立てたとき、桟の上部になる位置全てに木工用接着剤（以下接着剤）をまんべんなく塗る。

側板に底板、棚板、天板を取り付ける

側板Aを横にして、接着剤を塗った部分に底板を取り付ける。1で付けたネジ穴の印に電動ドリルドライバーで細ネジを固定する（写真❶）。反対側の側板Bも同様に取り付ける。2～3を繰り返し、棚板、天板も同様に取り付ける（写真❷）。

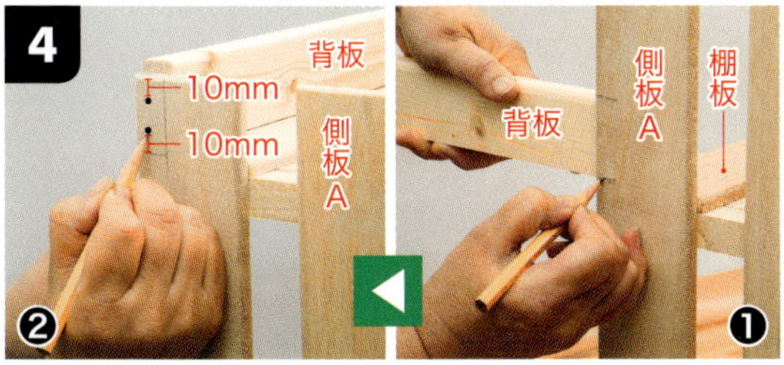

側板に印を付ける

底板、棚板、天板の上にそれぞれ高さがわかるように背板を乗せ、背板の板厚・高さを合わせて側板A・Bに鉛筆で印を付ける（写真❶）。次に、背板の印の両端から10mmのところに、鉛筆でネジ穴の印を付ける（写真❷）。（使用するすのこのよって天板に背板を乗せたとき、側板の高さから背板がはみ出すことがあります。）

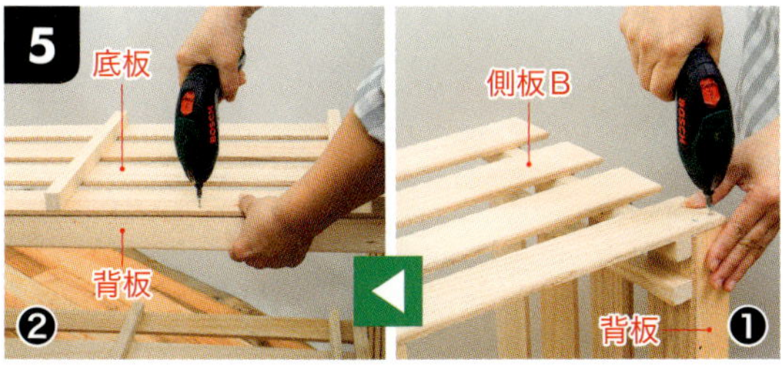

背板を細ネジで固定する

側板が下になるように棚を横にし、天板に背板をあてる。4で付けた側板の印から、背板を細ネジで固定し、側板A・Bを固定する（写真❶）。棚板、底板も同様に行う。次に棚を逆さにして底板の桟と桟の中間の位置から背板に向かって細ネジで2か所固定する（写真❷）。棚板、天板も同様に行う。

塗装する

ビニール手袋をし、ミルクペイントをカップなどに出す。ハケに含ませて塗装する。塗りにくい角のそばから塗っていく。

FINISH!

完成！

すのこアレンジ

万能BOX

ワンランク上のすのこアレンジ。すのこ１枚を切り分けて組み合わせるだけで、おしゃれな木箱が完成！

所要時間 1時間
※塗料の乾燥時間は含まず

予算 1,320円
※塗料は含まず

道具
- □ 鉛筆
- □ サシガネ
- □ ノコギリ
- □ メジャー
- □ カナヅチ
- □ 電動ドライバードリル
- □ ドリルビット(2.5mm)
- □ 古布

材料
- □ 桐すのこ(長さ750mm)×1枚
- □ ラワン12mm厚(縦300mm×横600mm)×1枚
- □ 細ネジ(長さ30mm)×22本
- □ ワックス

組立て図

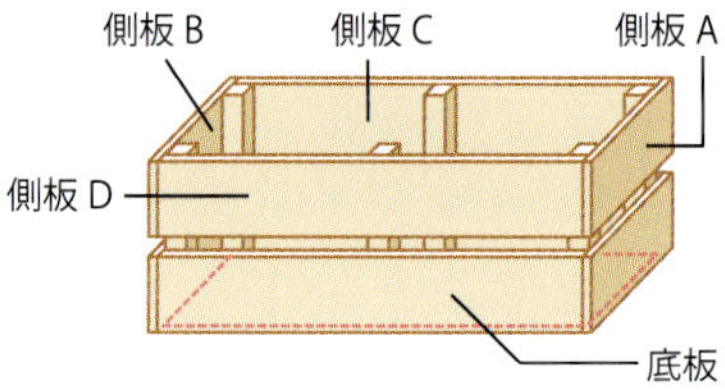

木取り図

●すのこ

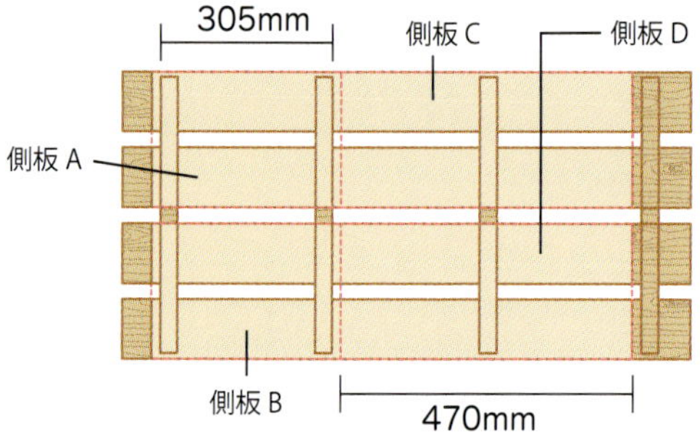

●ラワン12mm厚

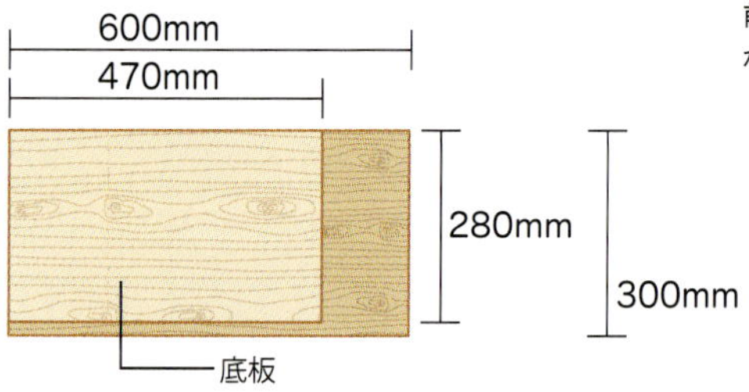

※側板A・Bは桟が2本、側板C・Dは桟が1本入るように切り出します(プロセス参照)。

※本書では幅330mm×長さ750mm×厚み30mm(桟4本)のすのこを使用しています。底板の長さは、使用するすのこのサイズを事前に確かめ、調整してから切り出しましょう。

すのこに印を付ける

すのこの栈の片端にサシガネをあて、すのこの板厚分のところに鉛筆で線aを引く（写真❶❷）。同様に、中央の栈の外側に、すのこの板厚分のところで線bを引く（写真❸）。

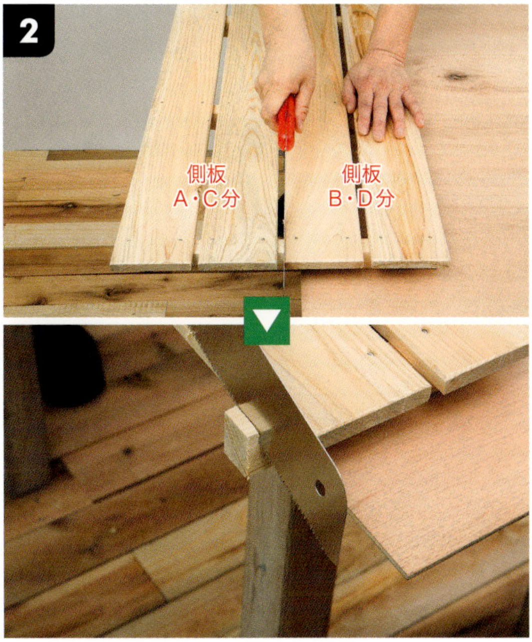

すのこを縦に2等分する

側板B・D分側の板に沿ってすのこの中央の栈をノコギリで切る。2等分したあと、栈のはみ出た部分を切り落とす。

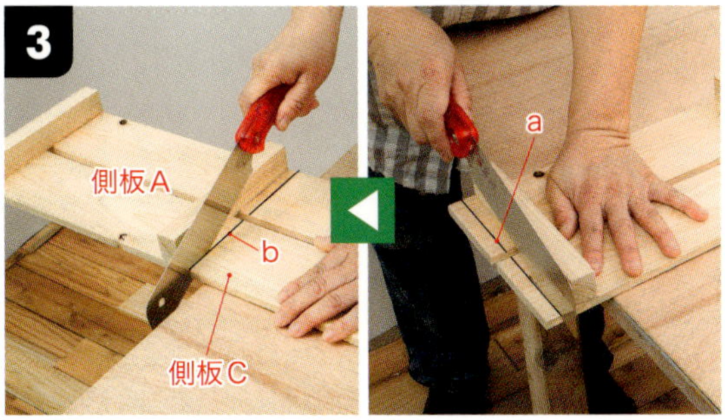

切ったすのこをさらに2等分する

側板A・C分の[1]で印を付けた線aに沿ってノコギリで端部分を切り落とす。次に、すのこ中央の線bに沿って切る。側板B・D分も同様に行う。

側板Cに印を付ける

メジャーを使い、[3]で切った線bの位置から470mmのところに鉛筆で印を付ける。その印を起点にしてサシガネを使い、線cを引く。側板Dも同様に行う。

ノコギリで栈を切り落とす

側板Cの[4]で印を付けた線cに沿ってノコギリで端の栈を切り落とす。側板Dも同様に行う。

← 次ページにつづく

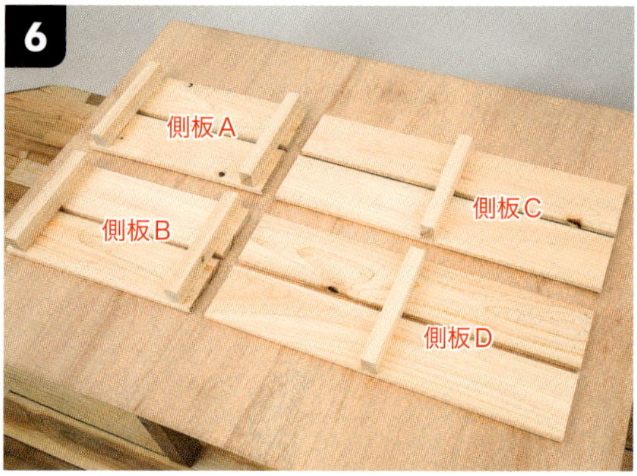

側板A・B・C・Dができる

1枚のすのこから、短い側板が2枚（側板A・B）、長い側板が2枚（側板C・D）の合計4枚の側板ができる。

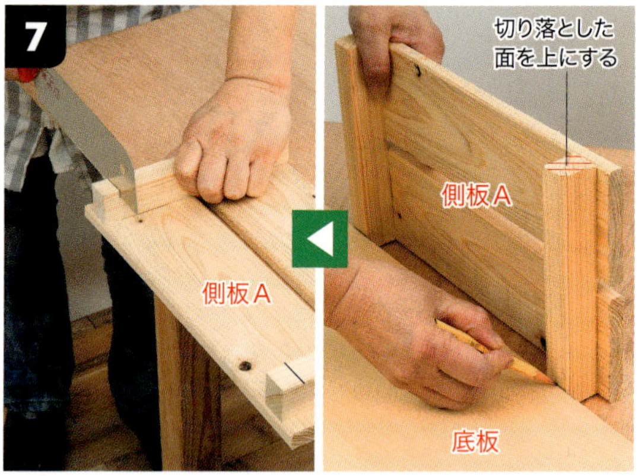

側板の桟の下部を切る

底板を側板Aをあて、側板Aの桟の下部と底板が重なる部分に、鉛筆で底板の板厚分の印を付ける。印を付けたところのみをノコギリで切り落とす。残りの側板B・C・Dも同様に行う。

カナヅチで叩き落とす

ノコギリで切っても桟の下部が切り落とせない場合は、ギリギリまで切り込みを入れてから、カナヅチで叩いて落とす。

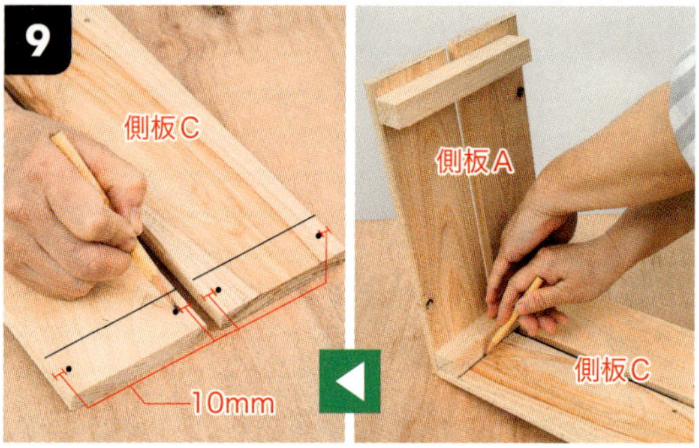

側板A・B・C・Dに印を付ける

側板Cの短辺に側板Aをあて、側板Aの桟が重なる部分に鉛筆で線を引く。両端から10mmのところに4か所ネジ穴の印を付ける。側板AとD、側板BとC、側板BとDも同様に行う。ネジ印は全16か所になる。

底板に側板の桟部分の印を付ける

底板に側板A・B・C・Dをあて、桟があたる部分全てに鉛筆で線を引く（合計6か所）。

桟部分の中央に印を付ける

10で印を付けた全ての桟部分の中央にネジ穴の印を付ける。

底板に下穴を空ける

11で印を付けたところに、ドリルビットで下穴を開ける。

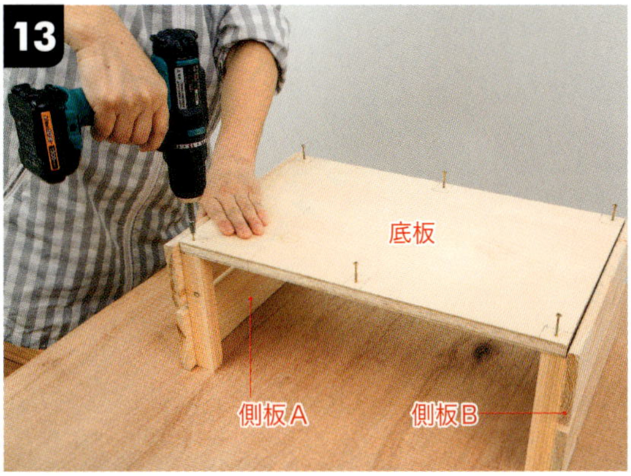

底板に側板A・Bを仮止めする

底板に側板A・Bをあて、12で開けた下穴6か所を細ネジで仮止めする。

側板A・Bを固定する

13で仮止めした細ネジで側板A・Bを固定する。中央の細ネジ2か所はそのままにしておく。

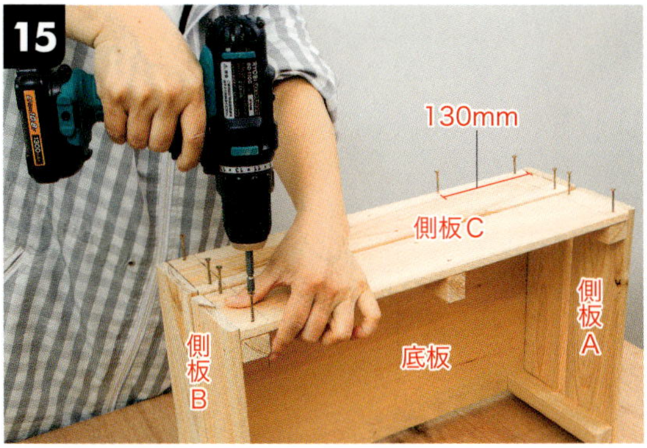

側板C・Dを固定する

9で付けた印に細ネジを仮止めする。側板Cと底板が接する部分の両端から130mmのところ2か所を細ネジで仮止めする。これらと14で残しておいた中央の細ネジを固定する。側板Dも同様に行う。

ワックスを塗る

ビニール手袋をして、古布にワックスをとり、塗りにくい桟のそばから伸ばすように塗っていく。薄く伸ばすように塗るとムラになりにくい。

FINISH!

完成！

カラーボックスアレンジ

扉付きBOX

カラーボックスに扉ひとつ付けるだけでかんたん＆便利な収納棚へ。中身を見せたくない収納におすすめ。

所要時間 30分
予算 2,400円

道具

- □ 鉛筆
- □ 電動ドライバードリル
- □ ドリルビット（4mm）
- □ サシガネ
- □ マスキングテープ
- □ キリ　□ ドライバー

材料

- □ カラーボックス（縦600mm×横420mm×奥290mm）
- □ パイン集成材（縦400mm×横450mm）
- □ 丁番×2個
- □ 取っ手×1個

●丁番、取っ手

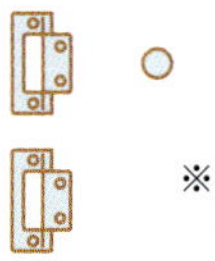

※本書ではフラッシュ丁番を使用しています。

組立て図

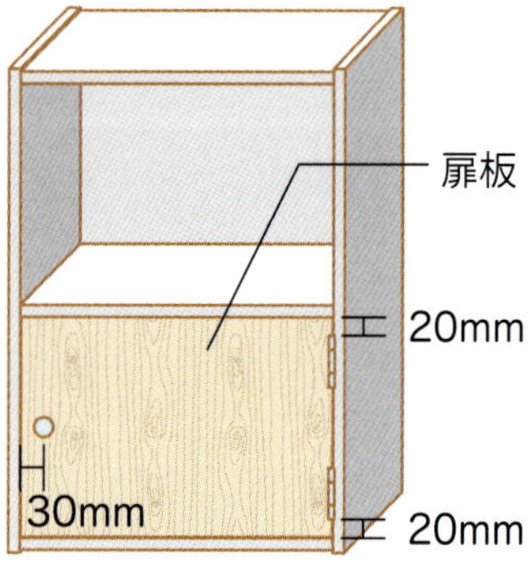

木取り図

●パイン集成材

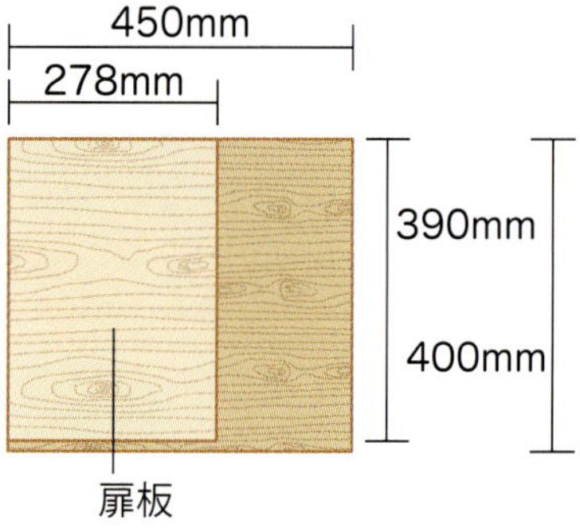

※本書では約縦600mm×横420mm×奥行き290mmのカラーボックスを使用しています。扉板を切り出す際は、お手持ちのカラーボックスに合わせて、カラーボックスの内寸よりも縦2mm、横5mm短くなるように設定するのがおすすめです。その他金具などの取り付け位置も適宜調整してください。

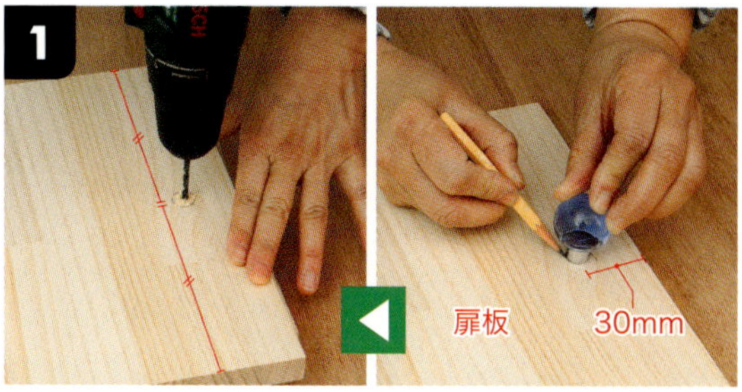

扉板に取っ手部分の下穴を開ける

扉板の短辺の左端から30mm、短辺の半分の長さのところに取っ手をあて、鉛筆で印を付ける（写真右）。印を付けたところにドリルビットで下穴を開ける。ドリルビットの径は取っ手のネジの大きさに合わせる。

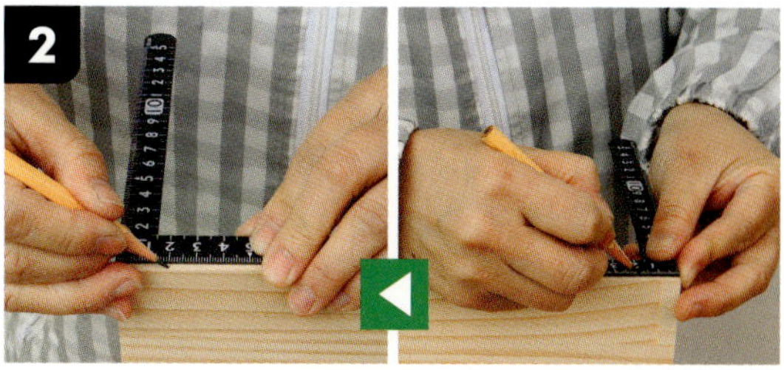

扉板に丁番の印を付ける

扉板を立て、1で取っ手の印を付けた反対側の短辺を上にし、両端から20mmのところに鉛筆で印を付ける。

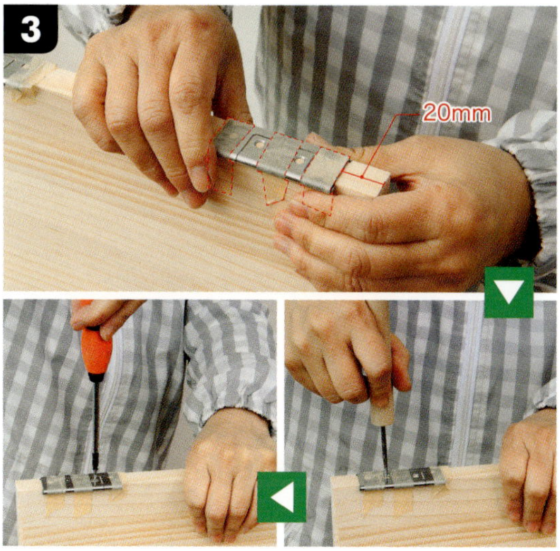

扉板に丁番を固定する

2で印を付けたところに丁番の端を合わせ、丁番を閉じた状態で回転軸が板の角に引っかかるようにしてマスキングテープで止める。丁番の穴2か所にキリで下穴を開け、付属の細ネジをその下穴に差し、ドライバーで固定する。もう1か所の丁番も同様に行う。固定できたらマスキングテープをはがす。

カラーボックスに丁番を固定する

扉板の角とカラーボックスの角を合わせる。3の丁番を開き、扉板に固定されていない側をカラーボックスに合わせてマスキングテープで固定する。丁番の穴にキリで下穴を開け、付属の細ネジとドライバーで固定する。もう1か所の丁番も同様に行う。

扉板に取っ手を付ける

1で開けた下穴に取っ手をあて、裏側からドライバーと付属の細ネジで固定する。

カラーボックスアレンジ

収納ベンチ

板、スポンジ、布で座板をつくってカラーボックスに被せるだけで収納イスに早変わり！ 手間いらずのアレンジ。

所要時間 1時間
予算 3,000円
※布代は含まず

道具
- □ カッター
- □ タッカー
- □ ハサミ
- □ サシガネ
- □ 電動ドリルドライバー

材料
- □ カラーボックス（縦600mm×横420mm×奥290mm）
- □ ラワン15mm厚（縦450mm×910mm）×1枚
- □ 1×4材（長さ450mm）×1枚
- □ スポンジ（縦500mm×700mm）×1枚
- □ 両面テープ
- □ 布（縦700mm×900mm）×1枚
- □ 細ネジ（長さ25mm）×6本

組立て図

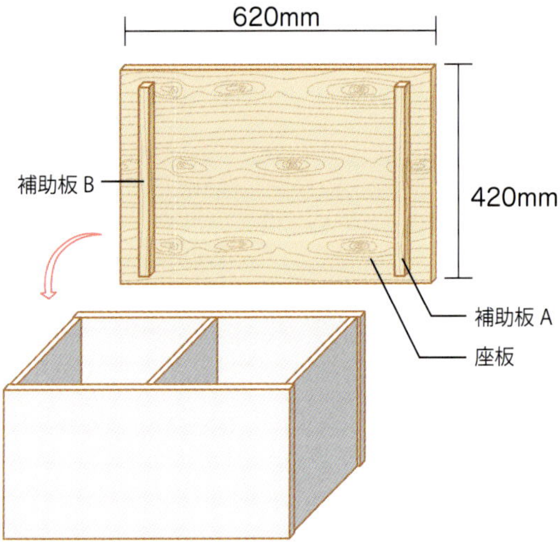

木取り図

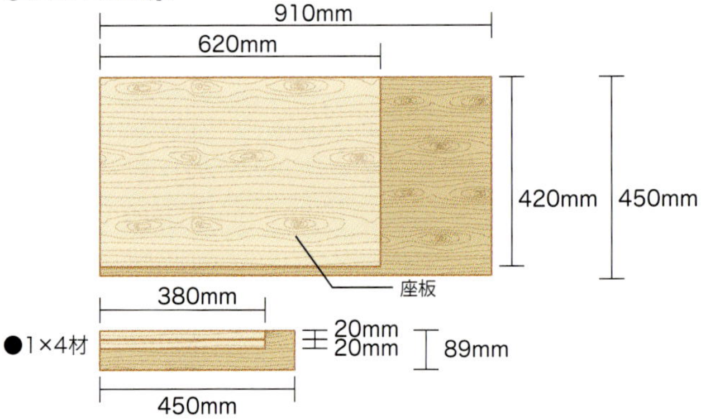

※本書では約縦600mm×横420mm×奥行き290mmのカラーボックスを使用しています。座板、補助板の長さは使用するカラーボックスのサイズを事前に確かめ、調整してから切り出しましょう。

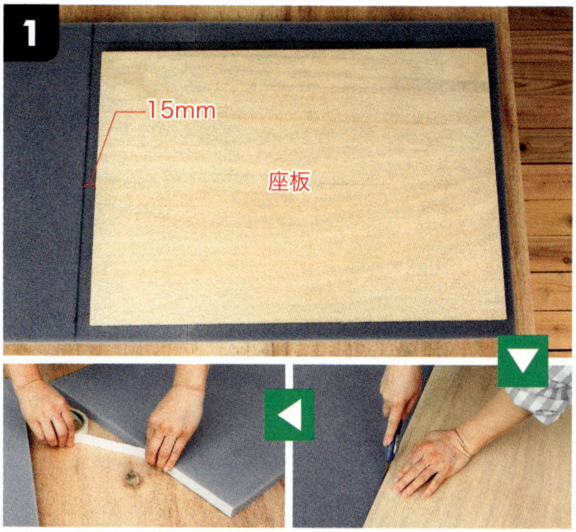

座面になるスポンジを切る

スポンジを敷き、座板を乗せる。カッターで座板よりも各辺15mmほど大きくスポンジを切る。スポンジにつなぎ目ができる場合は側面に両面テープを貼ってつなぐ。

座板とスポンジを貼り付ける

座板の四隅に40mmほどに切った両面テープを貼る。座板を裏返し、スポンジの中央に合わせて貼り付ける。角があたっても痛くないようにスポンジを大きめに切っている。

布を合わせる

布を敷き、スポンジ面を下にして2を置く。両短辺、両長辺の順に布を折りたたみ、タッカーで短辺10か所を目安に細かく打って固定する。引っ張りすぎるとシワが出やすくなることもあるので注意。

布の四隅を整える

四隅の布が余った部分はハサミで切る（写真❶）。次に布の端を合わせてまとめ、タッカーで打って固定する（写真❷❸）。

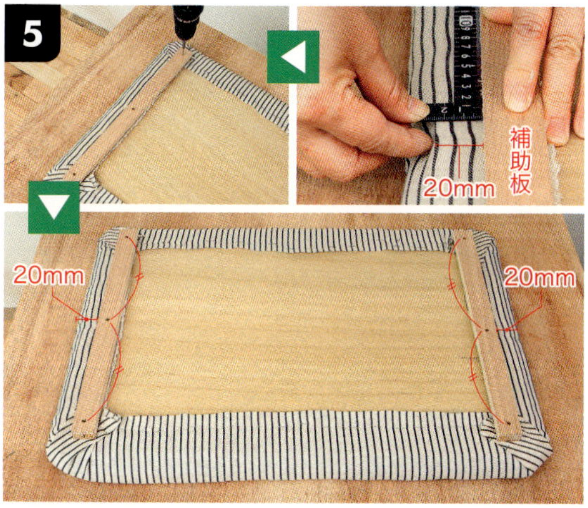

補助板を設置する

座板の短辺の端から20mmのところに補助板をあて、それぞれ両端と中央の3か所を、電動ドリルドライバーを使って細ネジで固定する。この座板をカラーボックスにかぶせて完成。

完成！

FINISH!

カラーボックスアレンジ

キッチンワゴン

食卓で便利なキッチンワゴン。カラーボックスにキャスターと取っ手をつけるだけで料理のサーブや食材の保管がおしゃれに。

所要時間 1時間
予算 ¥ 3,960円

道具

- □ 電動ドリルドライバー
- □ 木工用接着剤
- □ ドリルビット(4mm)
- □ キリ
- □ ドライバー
- □ サシガネ
- □ 鉛筆

材料

- □ カラーボックス
（縦600mm×横420mm×奥290mm）
- □ 有孔ボード(縦450mm×横600mm)×1枚
- □ ラワン15mm厚(縦300mm×横450mm)×1枚
- □ 1×4材(長さ910mm)×1枚
- □ 1×6材(長さ450mm)×1枚
- □ 細ネジ(長さ25mm)×22本
- □ 丸棒(φ5mm)×適量
- □ 取っ手×1個
- □ キャスター×4個

組立て図

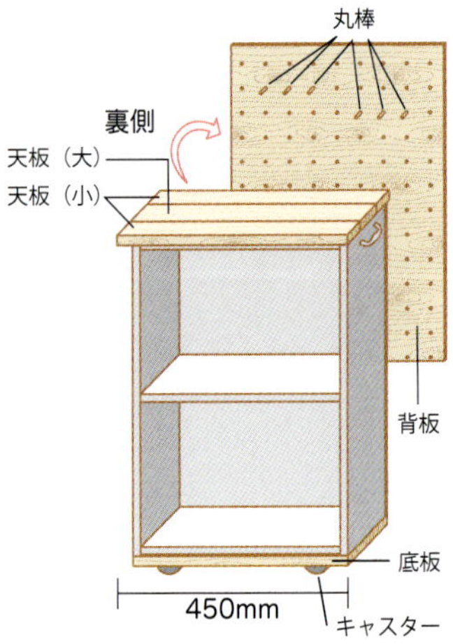

木取り図

※本書では約縦600mm×横420mm×奥行き290mmのカラーボックスを使用しています。各板の長さは使用するカラーボックスのサイズを事前に確かめ、調整してから切り出しましょう。

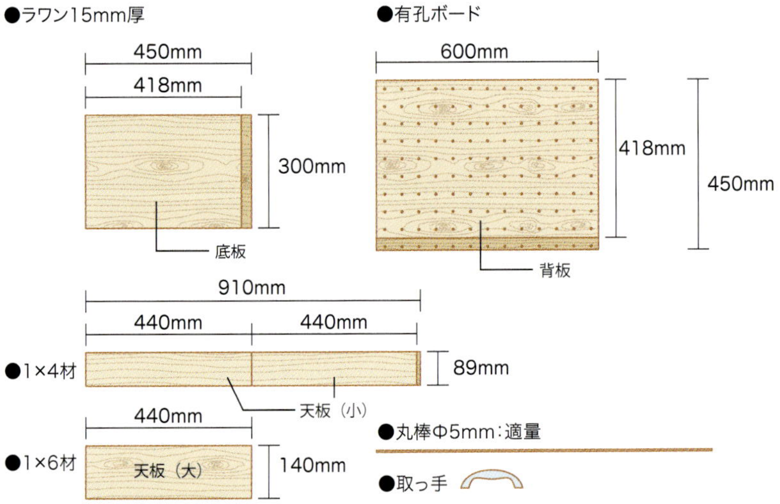

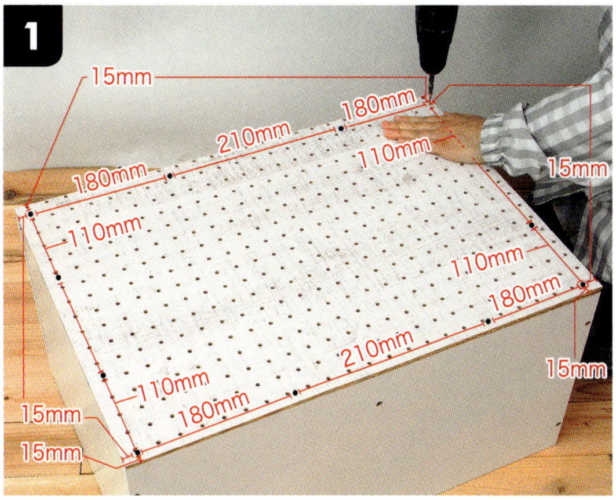

背板を固定する

カラーボックスの裏側に背板を合わせ、背板の穴に合わせて、写真のように全12か所を細ネジで固定する。

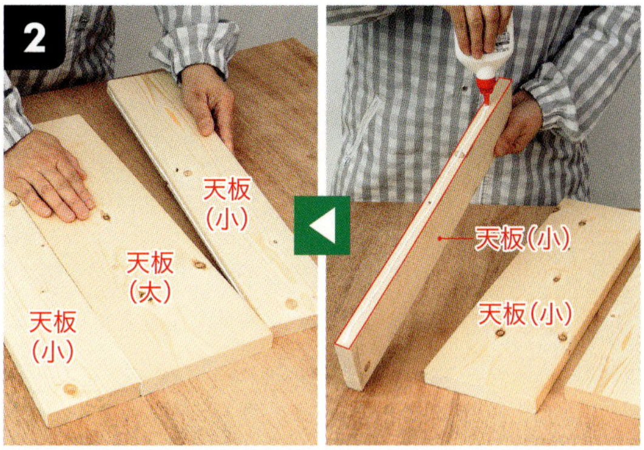

天板をつくる

天板（大）を中央にして天板（小）2枚ではさみ、木工用接着剤で板を接着する。

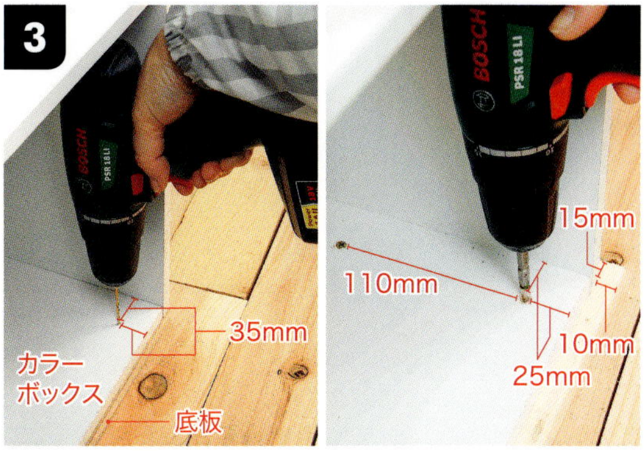

天板、底板を固定する

2の天板の上に写真右の位置でカラーボックスを乗せて、四隅の端から25mmのところを細ネジで固定し、短辺の細ネジの中心110mmのところも2か所（計6か所）も細ネジで固定する。

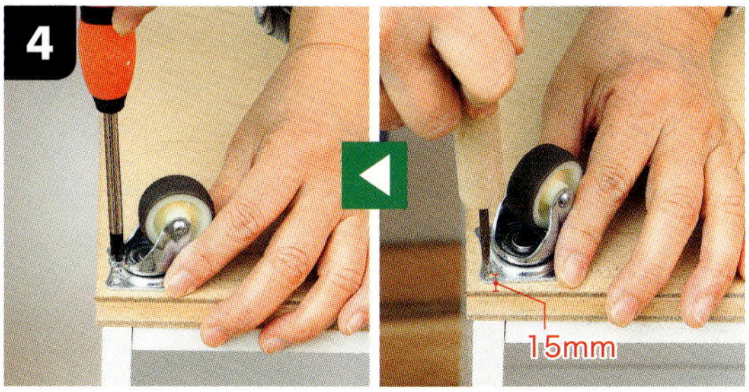

底板にキャスターを設置する

底板を上にして置き、底板の角から15mmのところに、キャスターを合わせる。キャスターの外側の穴部分にキリで下穴を開け、ドライバーを使って付属のネジで固定する。他3か所のキャスターも同様に行う。

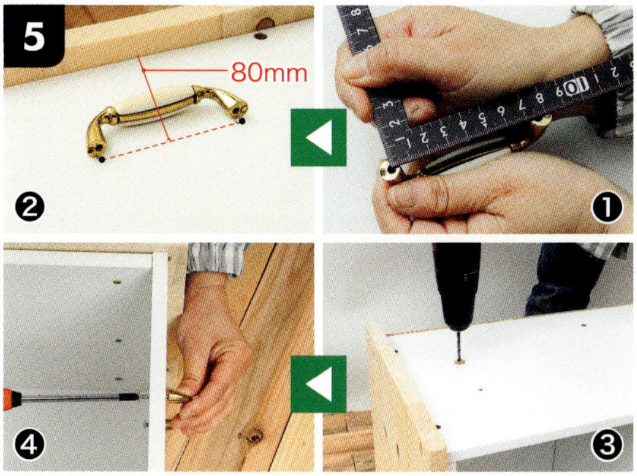

取っ手を設置する

取っ手の幅をサシガネで測り（写真❶）、カラーボックス側面の上部から80mmの左右中央に鉛筆で天板と平行になるように取っ手幅の線を引く（写真❷）。取っ手幅に引いた線の端2か所にドリルビットで下穴を開ける（写真❸）。取っ手を線に合わせ、カラーボックスの内側からドライバーを使って付属ネジで固定する（写真❹）。丸棒を25mmの長さに切り、背板の穴に挿してフックをつくる。

FINISH!

完成！

COLUMN 2

既製品をアレンジして時短DIYに挑戦！

カラーボックスに扉▶をつけるだけで目隠しになりすっきりとしたインテリアに。

◀キャスターを取り付けたり背面も活用すればワゴンに早変わり。

本書では、すのこを使った収納家具を紹介しています（P.40、P.42）。すのこは100円ショップでも気軽に手に入れることができ、いろいろな使い方ができる万能なDIYの材料です。P.40の万能棚も、100円ショップで販売されているような小ぶりのサイズでつくれば、調味料棚や小物収納にぴったりです。

また、すのこを立てかけるだけで小物置きにもなります。さらに、すのこは風通しが良く通気性が高いので、シューズラックや押し入れの収納ラックとして使用するのに最適です。

次にカラーボックスです。こちらもホームセンターなどに必ずと言っていいほど取り扱われているアイテムです。そして価格もリーズナブルなため気軽にリメイクができます。

本書で紹介している収納家具のように、背面に木材をつけてキャスターを取りつければキッチンワゴンとして活用でき（P.50）、扉を付ければごちゃごちゃとした中も目隠しができます（P.46）。おもちゃ入れとして活用するのも良いでしょう。2段、3段と連なっているカラーボックスもあるので、寝かしてテレビ台やベンチとして使ったり、組み合わせて天板を置いてテーブルとしたり、アレンジは自在です。

いちから手づくりの家具をDIYしようと思うと、やはりある程度の工期は必要となってきます。あまり時間をかけずにつくるなら、このような既製品の家具を取り入れてみましょう。時短でDIYが可能ですので、ぜひ活用してアレンジしてみてください。

RECOMMENDED!

かんたん！ すきまを活用したすのこ収納

ちょっとしたすきまも収納スペースに早変わり！ 2枚のすのこをすきまにたてかけ、その幅に合わせてカットしたすのこを間に差し込んでネジで固定させて棚をつくります。無駄なスペースを有効活用できるので、挑戦してみてください。

PART
3

実践 ②

【3時間以内でできる収納家具】

簡単なアイテムはもうつくれる…という人は、工程数がそれほど多くない 3 時間以内でできるアイテムをつくってみましょう。慣れてきたらアレンジを加えるなど、オリジナル家具にチャレンジ！

リモコンラック

テレビ、ブルーレイプレイヤー、エアコン…リビングでかさばるリモコンたちもラックに収納することですっきり！

所要時間 1時間30分
※塗料の乾燥時間は含まず

予算 1,200円

道具

- □ 鉛筆
- □ サシガネ　□ ノコギリ
- □ 電動ドライバードリル
- □ ドリルビット(2.5mm)
- □ サンドペーパー(#180、240)
- □ 木工用接着剤
- □ ヘラ　□ ビニールシート
- □ ビニール手袋
- □ スポンジ　□ 綿棒
- □ 古布

材料

- □ 杉板12mm厚(縦100mm×横1820mm)×1枚
- □ 細ネジ(長さ25mm)×23本
- □ ワトコオイル

木取り図

●杉板12mm厚

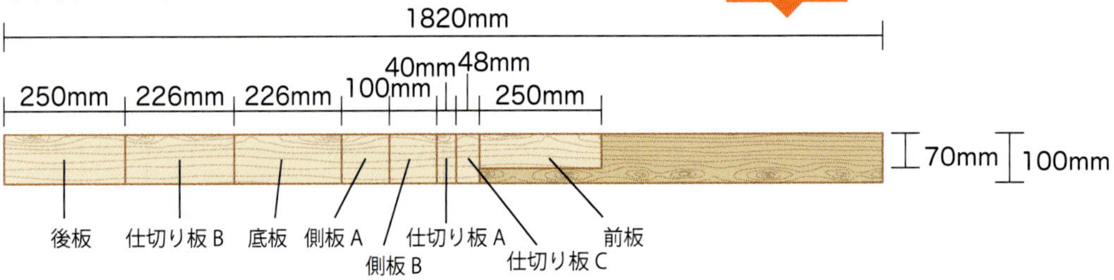

組立て図

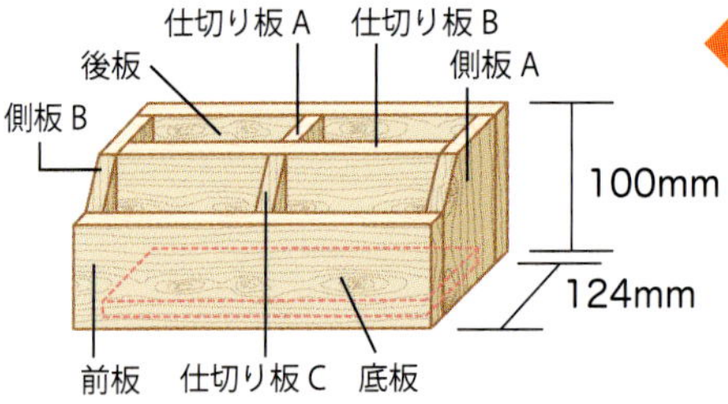

板厚の印を付ける

底板に後板と前板、側板A・Bを合わせ、鉛筆で各板に底板の板厚の線を引く（写真❶❷）。次に、後板と前板に側板A・Bを合わせ、鉛筆で側板の板厚の線を引く（写真❸）。最後に写真のように前後板、側板の各線より外側の位置、2か所ずつにネジ穴の印を付ける（写真❹）。

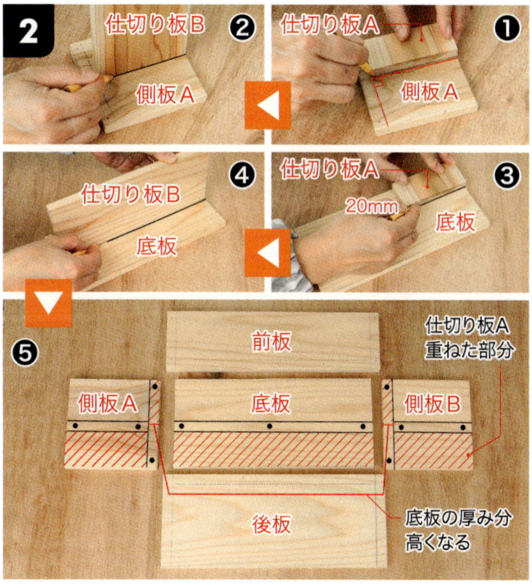

仕切り板に印を付ける

1で引いた線が下にくるように置いた側板Aの左端に揃えて仕切り板Aを重ねて鉛筆で線を引き（写真❶）、そこを起点に仕切り板Bの板厚で印を付ける（写真❷）。側板Bに印を付けるときは、仕切り板Aを右端に揃えて線を引いて同様に仕切り板Bの板厚分の線を引く。底板も同様にして、仕切り板Aの幅、仕切り板Bの板厚分の線を引く（写真❸❹）。仕切り板A・Bの線を引いたところに、底板には3か所、側板A・Bには各4か所鉛筆でネジ穴の印を付ける（写真❺）。側板A・Bの印は仕切り板が底板の板厚分高くなるので注意。

側板 A・B に斜めの印を付ける

側板Aの仕切り板Aを重ねていないほうの端と前板に合わせ、前板の角と接する部分に鉛筆で印を付ける。その印から2で付けた仕切り板Bの板厚分の線の先と交わるように、鉛筆で斜めに線を引く。同様に側板Bも行う。

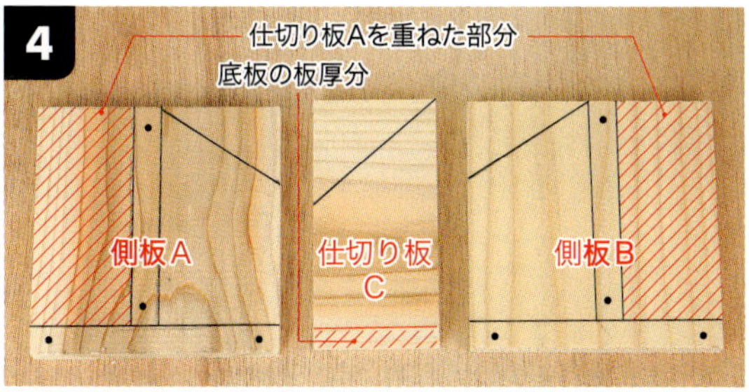

仕切り板 C にも斜め線を引く

仕切り板Cに印を付けるときは底板の上に乗せて立ててから前板と位置を合わせ、印を付ける。また斜め線を引くときは、前板からはみ出さないよう、印を付けた位置よりも少し下げて線を引く。

側板と仕切り板を切る

側板A・Bと仕切り板Cを3・4で引いた斜め線に沿ってノコギリで切る。仕切り板Cは底板の板厚分も切る。

全ての板に下穴を開ける

前板・後板、側板A・B、底板の2で印を付けたネジ穴位置に、ドリルビットで下穴を開ける。開けた下穴の表面をサンドペーパーでなめらかにする。

← 次ページにつづく

細ネジを仮止めする

[6]で下穴を開けた底板の外側に電動ドリルドライバーで細ネジを仮止めする。これによってスムーズに作業が行える。

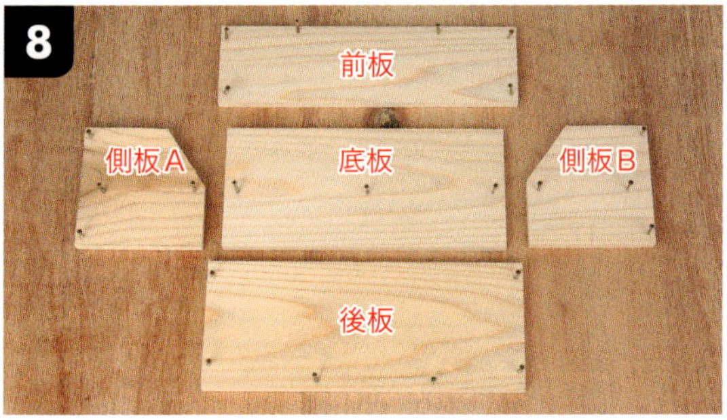

全ての板に細ネジを仮止めする

[7]と同様に、前板、後板、側板A・B全ての下穴に、細ネジを仮止めする。

側板Aと後板を接着剤で付ける

側板Aの後板と合わさる部分に木工用接着剤（以下接着剤）をヘラで塗る(写真右)。これを後板に手で接着する(写真左)。

側板Aと後板を細ネジで止める

後板の短辺に仮止めしていた細ネジで側板Aを固定する。

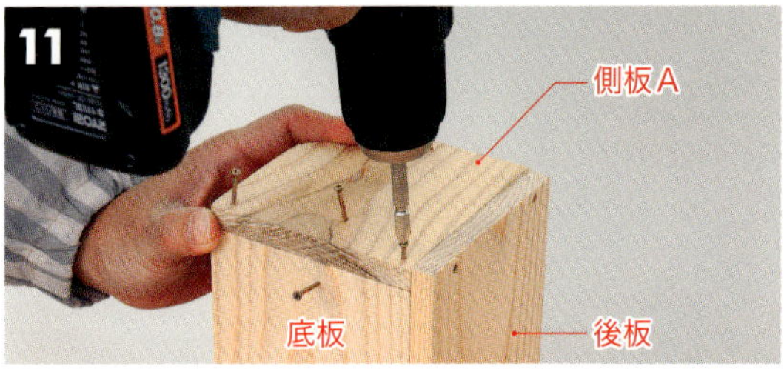

底板と側板・後板を固定する

[10]を立て、底板を合わせる。側板Aの底面の仮止めしていた細ネジ2か所と底板を固定する。側板Bも同様に行う。後板の長辺に仮止めしていた細ネジで底板を固定する。

側板Bを固定する

側板Bも[10]・[11]と同様に後板、底板と固定する。前板に仮止めしていた細ネジを全て固定する。

仕切り板Bを側板と固定する

後板を下にしてラックを寝かせ、仕切り板Aを立てて入れる。その上に仕切り板Bを重ね、仕切り板Aを支えにしながら、側板Bに仮止めしていた細ネジ2か所を固定する。

仕切り板Bを底板側から固定する

底板に仮止めしていた細ネジ3か所で仕切り板Bを固定する。

仕切り板 B が固定された状態

仕切り板Bを側板Aから固定する。全ての仮止めしていた細ネジを固定した状態が完成。

仕切り板 A・C を設置する

仕切り板A・Cの側面と底面の3辺に薄く接着剤を塗り、15の左右中央に仕切り板Bを挟むようにして接着する。

全ての板が固定された状態

前板、後板、側板A・B、底板、仕切り板A・B・Cが固定された状態が完成。

サンディングする

全体の表面をサンドペーパー（#240）で削ってなめらかにする。

ワトコオイルを塗る

ビニール手袋をし、スポンジにワトコオイルを染み込ませ、内側から塗る。

綿棒で細かいすき間を塗る

スポンジで塗りにくいすき間は、綿棒にワトコオイルを染み込ませて塗るときれいな仕上がりになる。

古布で拭き取る

全体にワトコオイルを塗ったら古布で拭き取る。しっかりと拭き取ることで木目が活きた塗装になる。

FINISH!

完成！

マガジンラック

読んだあとは放ったらかしになりがちな雑誌や子どもの絵本。木工とテーブルクロスでつくるおしゃれなマガジンラックで"見せる収納"を。

所要時間 2時間30分
※塗料の乾燥時間は含まず

予算 1,800円
※布代は含まず

道具

- □ 鉛筆
- □ クランプ
- □ 電動ドリルドライバー
- □ ドリルビット（15m、2.5mm）
- □ ノコギリ
- □ 両面テープ
- □ ハトメパンチ
- □ サンドペーパー（#180、240）
- □ ビニールシート
- □ 古布またはスポンジ

材料

- □ 1×8材（長さ1820mm）×1枚
- □ 1×4材（長さ450mm）×1枚
- □ 丸棒（ϕ15mm・1820mm、600mm）×各1本
- □ 細ネジ（長さ35mm）×14本
- □ ハトメ×8個
- □ テーブルクロスまたは布（幅450mm×長さ1800mm）×1枚
- □ ワトコオイル

組立て図

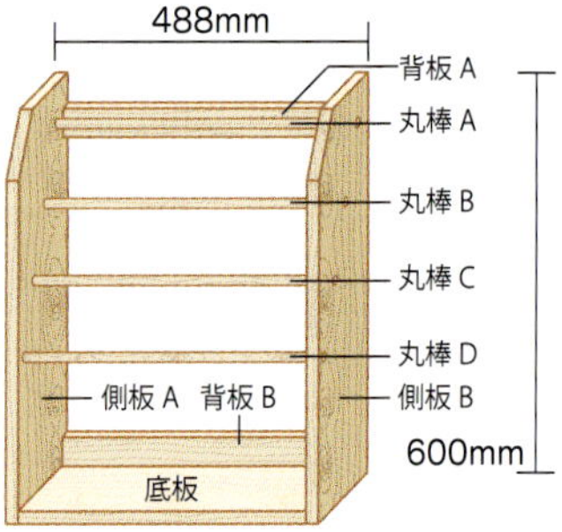

木取り図

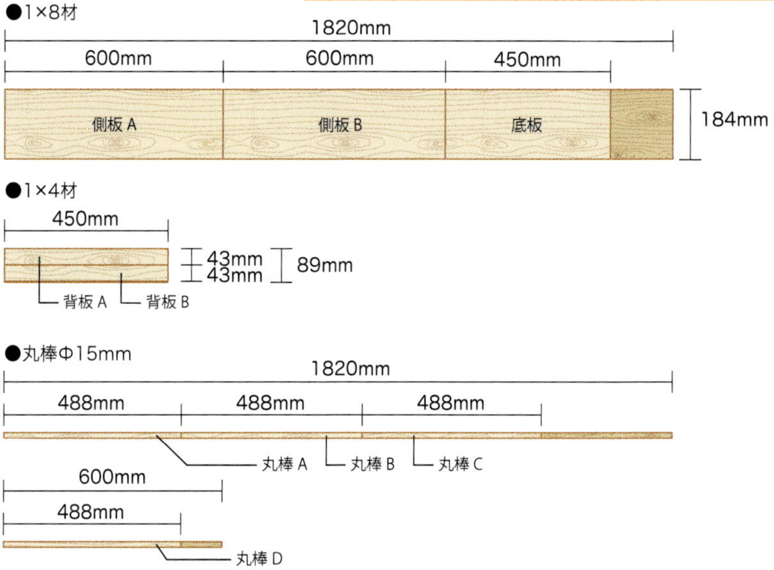

側板 A・B に底板の印を付ける

側板A・Bを揃えて並べ、短辺側に背板を乗せ、板厚分の位置に鉛筆で線を引く。もう一方の背板で支えをつくりながら行うと引きやすい。

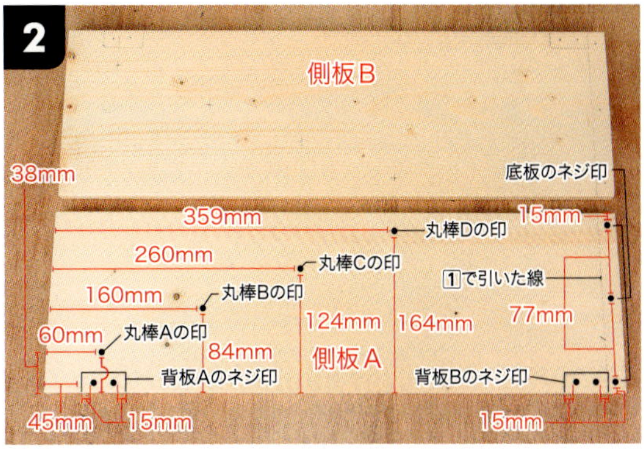

底板、背板、丸棒の印を付ける

写真を参考にして、1の側板Aに、底板、背板A·B、丸棒A·B·C·Dの印を付ける。側板Bも同様に印を付ける（このとき側板AとBは左右対称になるように印を付ける）。

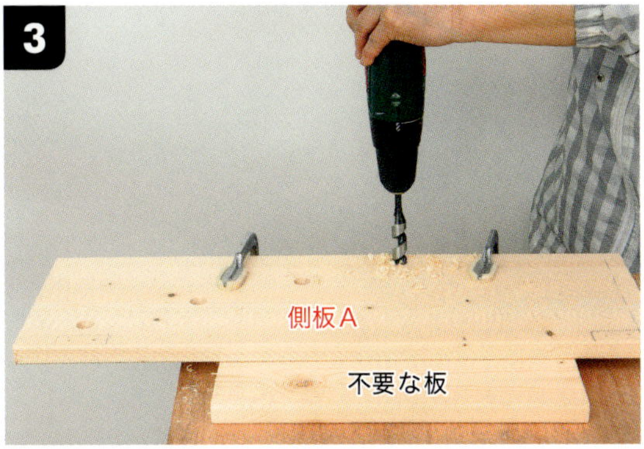

側板に丸棒の穴を開ける

不要な板（材料外）を敷き、その上に側板Aを置いてクランプで2か所固定する。2で印を付けた丸棒A·B·C·Dの4か所に、ドリルビット（15mm）で穴を開ける。側板Bも同様に行う。

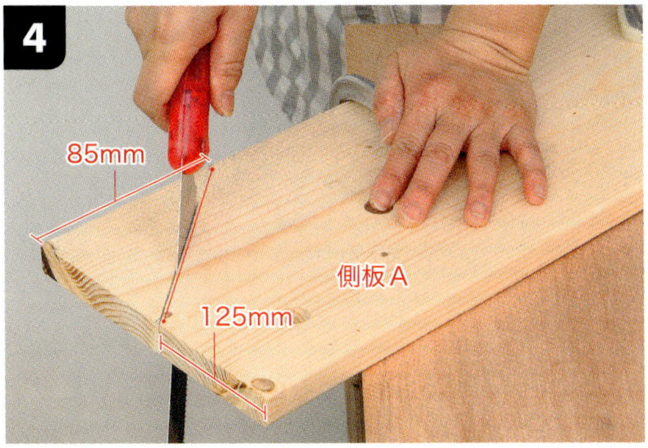

側板の上部を斜めに切る

側板Aの長辺の上から85mm、短辺の端から125mmの位置を結んで斜めの線を鉛筆で引き、ノコギリで切る。側板Bも同様に行う。

細ネジを仮止めする

側板Aに2で印を付けた背板A·Bのネジ位置と底板のネジ位置の計7か所にドリルビット（2.5mm）で下穴を開け、細ネジで仮止めをする。側板Bも同様に行う。

側板 A に底板を固定する

側板Aに底板をあて、仮止めしていた底板用の細ネジを固定する。

← 次ページにつづく

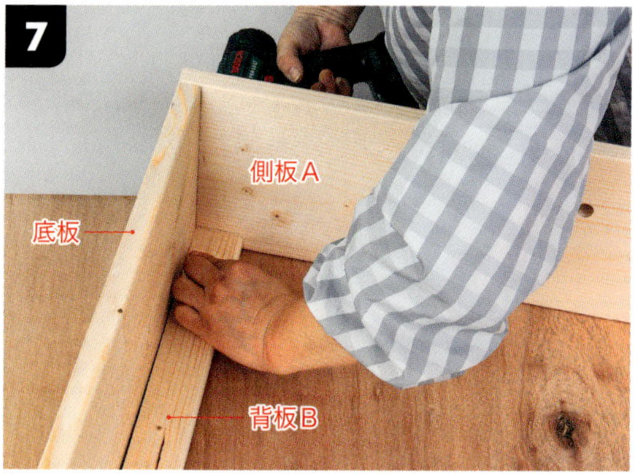

側板 A に背板 B を固定する

[6]の底板の上に背板Bをあて、[5]で仮止めしていた細ネジを固定する。

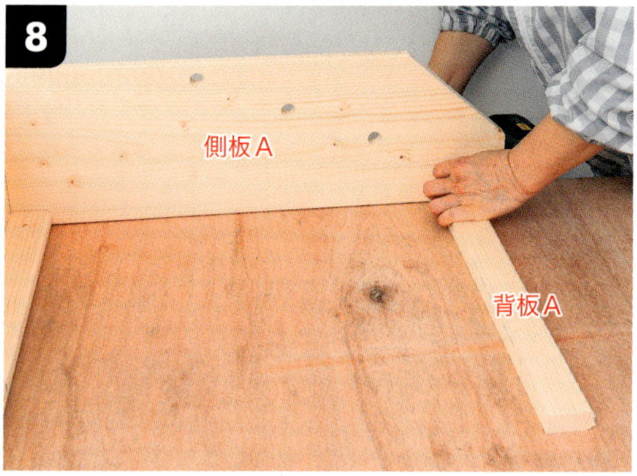

側板 A に背板 A を固定する

[7]に背板Aをあて、[5]で仮止めしていた細ネジを固定する。

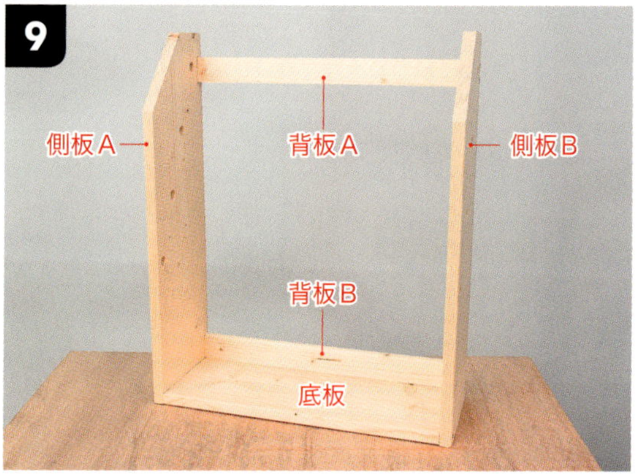

側板 B を固定する

[8]に側板Bをあて、底板、背板A・Bを仮止めしていた細ネジで固定し、ラックの本体が完成。

テーブルクロスに両面テープを貼る

テーブルクロスを伸ばし、端に両面テープを貼る。

テーブルクロスを丸めて丸棒を挟む

[10]のテーブルクロスに丸棒Aを挟んで丸める。丸棒が落ちないくらいきつめに丸める。ただし、ラックに通す際に一度取り外すので注意。

両面テープで止める

[10]で貼った両面テープの裏紙をはがし、丸棒Aをくるんだ状態でテーブルクロスを貼り合わせる。

13

ハトメパンチでテーブルクロスを止める

12の端をハトメパンチで止める。反対側も同様に行う。

14

両面テープを貼る

2本目の丸棒を止めるため、丸棒**A**から500mm離れた位置に両面テープを貼る。

15

丸棒を全てテーブルクロスに固定する

14に丸棒**B**を挟んでテーブルクロスで丸め、両面テープで止める。13と同様に両端をハトメパンチで止める。残りの丸棒2本も同様に500mm間隔で丸棒をテーブルクロスに固定する。

16

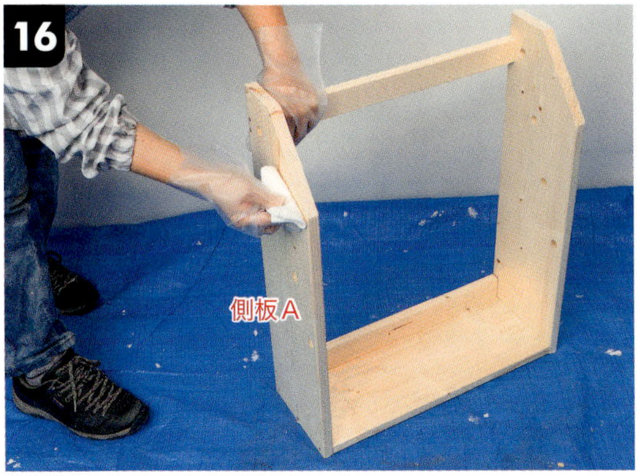

サンディングしてオイルを塗る

ラックの表面をサンドペーパーで削ってなめらかにする。古布またはスポンジにワトコオイルを染み込ませ、ラック本体を塗装する。

17

側板に丸棒を通す

15で通した丸棒**A**･**B**･**C**･**D**を一度全て取りはずす。側板**A**の外側から、丸棒**A**の印の穴に丸棒**A**を通し、テーブルクロスに再び通す。そのまま側板**B**にも通す。残りの丸棒3本も同様に通して完成。

FINISH!

完成！

収納イス

イスが箱型になっているだけで効率的に収納ができる! しまいたいものを箱の中に入れるだけで片付ける手間もなく、部屋の中がすっきりします。

所要時間 1.5時間
※塗料の乾燥時間は含まず

予算 3,360円
※布代は含まず

道具

- □ 鉛筆
- □ 電動ドリルドライバー
- □ ドリルビット(2.5mm)
- □ サンドペーパー(#180、120)
- □ 木工用接着剤 □ ヘラ
- □ 養生テープ □ 古布
- □ ビニールシート □ ビニール手袋
- □ ハケ □ 塗料カップ □ ハサミ
- □ タッカー □ カナヅチ
- □ ラジオペンチ □ マスキングテープ
- □ キリ □ ドライバー

材料

- □ ラワン15mm厚(縦910mm×横450mm)×2枚
- □ 細ネジ(長さ25mm)×22本
- □ ミルクペイント(白)
- □ スポンジ(縦340mm×横300mm)×1枚
- □ 布(縦500mm×横550mm)×1枚
- □ 丁番×2個

組立て図

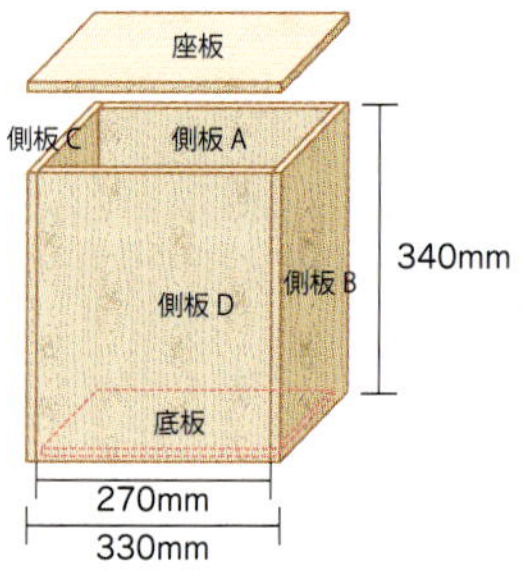

木取り図

●ラワン15mm厚

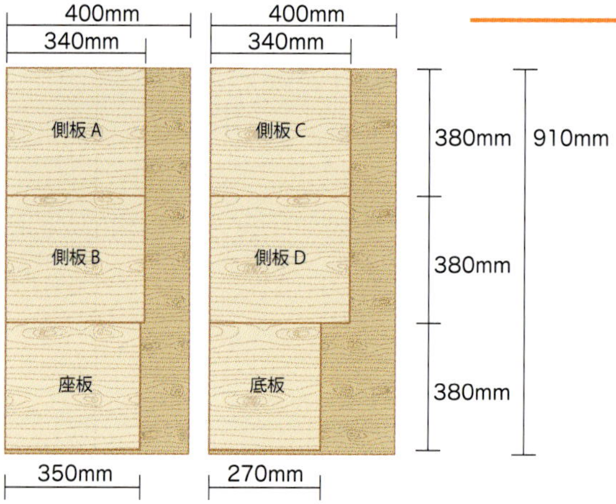

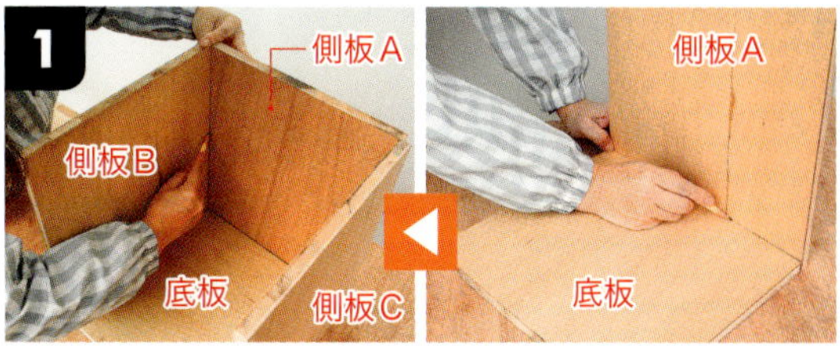

側板に線を引く

側板Aに底板をあて、側板Aに鉛筆で底板の板厚の線を引く。側板B・Cも同様に線を引く。側板Aと側板B・Cを合わせ、側板B・Cに側板Aの板厚の線を引く。側板Dをあて、底板、側板B・Cに同様に線を引く。

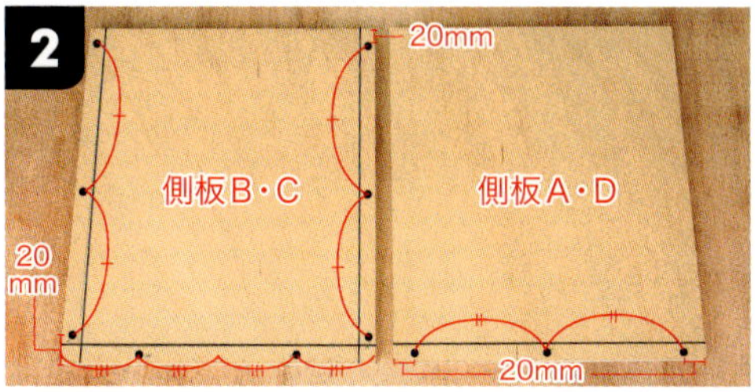

側板にネジ印を付ける

側板B・Cには底板と重なる部分の1/4間隔の位置に2か所、側板A・Dと重なる部分に上下20mmをあけて等間隔で3か所のネジ印を付ける。側板A・Dには底板と重なる部分に左右20mmをあけて等間隔で3か所のネジ印を付ける。

側板に下穴を開ける

2でつけた側板A・B・C・Dの全てのネジ印にドリルビッドで下穴を開ける。

下穴をサンディングする

3で下穴を開けたところにバリがある場合は、サンドペーパー(#180)でサンディングし、穴の表面を整える。

底板に木工用接着剤を塗る

底板の全ての側面に木工接着剤(以下接着剤)を塗り、ヘラで伸ばす。

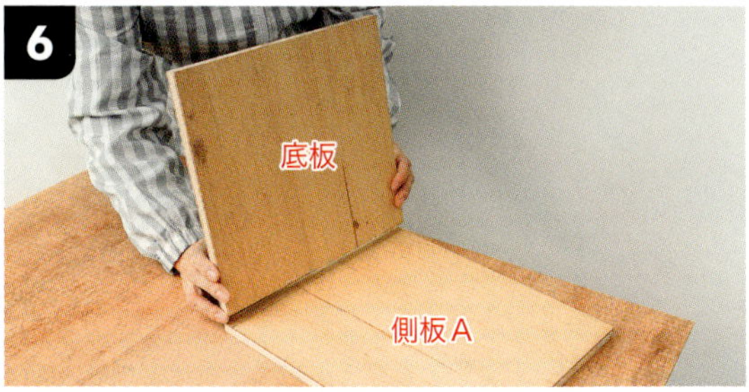

側板 A に底板を接着する

側板Aの下穴を開けていない面に底板の長辺をあて、接着する。

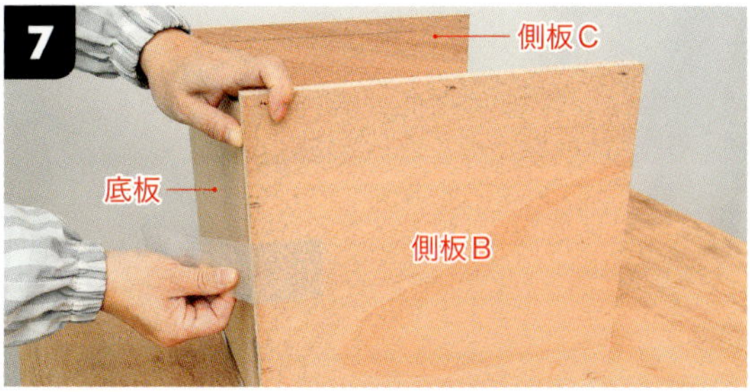

側板 B・C を接着する

6に側板B・Cも固定し、側板と底板を養生テープで仮止めする。

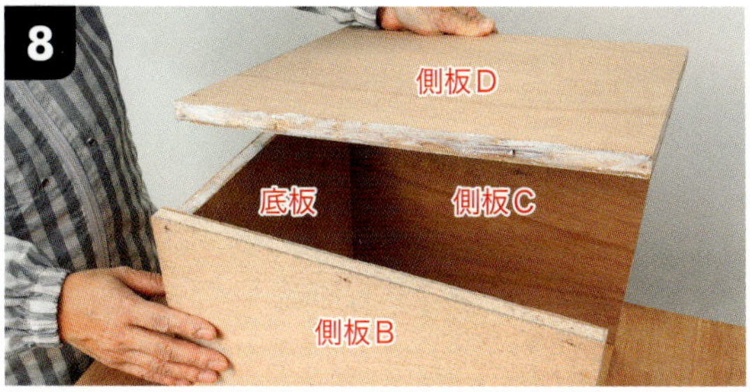

側板 D を接着する

側板Dの側面にも接着剤を塗り、7にふたをするような形で接着する。残りの側板同士、各側板と底板を養生テープで仮止めする。5〜10分接着剤を乾燥させる。

 ← 次ページにつづく

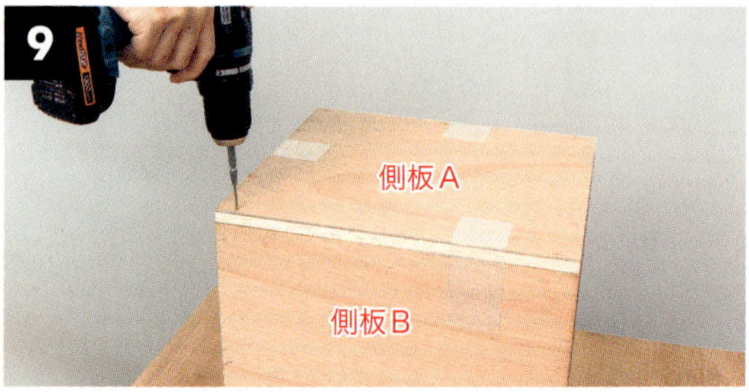

細ネジで固定する

3で下穴を開けたところ全てを細ネジで固定する。

収納箱部分が完成

養生テープをはがし、収納箱となるイスのボディ部分が完成。

サンディングする

サンドペーパー（#120）で10全体をサンディングする。特に角を削ってなめらかにする。

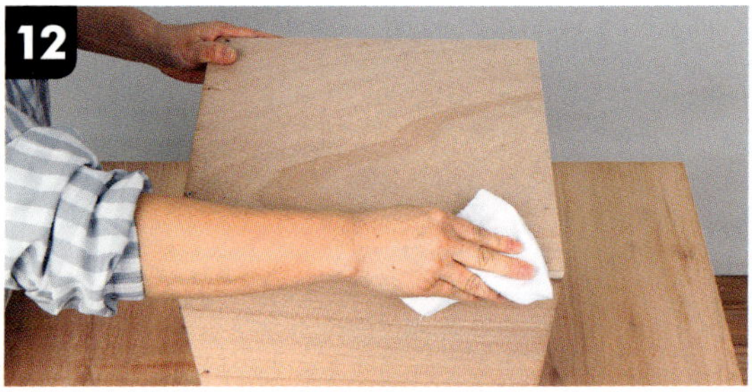

木くずを古布で拭き取る

11のサンディングで出た木くずを古布で拭き取る。

塗装の準備をする

ビニールシートを敷き、写真のような板（材料外）を2枚置いてその上に12を横向きに置く。

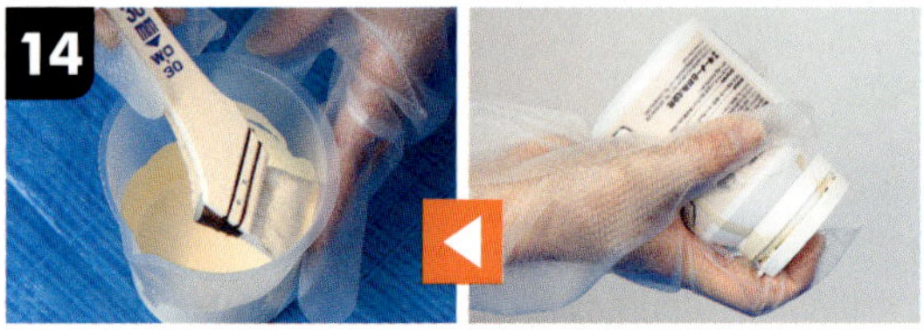

塗料を準備する

ビニール手袋をしてミルクペイントを逆さにして軽く振る。塗料カップに30mlほど注ぎ、ハケの3分の2くらい塗料を十分に含ませる。カップの上部でハケをしごいて、つけすぎないように注意する。

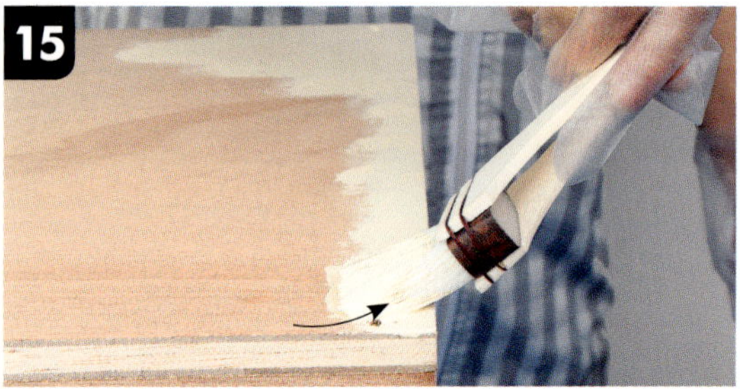

塗料を塗る

13にハケで塗料を塗る。液だれを防ぐため、塗りはじめは板の端から少しずつハケを内側から外側に向けて塗る。

木目に沿って塗る

端以外は木目に沿って同じ方向で塗るときれいに仕上がる。他の側面と箱の口部分も塗料を塗る。

17

座面の布を切る

布を敷き、その上に座板と同じサイズにカットしたスポンジと座板を重ねて乗せる。ハサミを使い座板から周囲100mmくらいのところで切る。

18

タッカーで布を座板に固定する

各辺の布を長辺、短辺の順で折り曲げ、タッカーで座板に固定する。

19

四隅の余分な布を切る

余った四隅の布の余分な部分はハサミでカットする。

20

カナヅチでタッカーの針を叩く

タッカーの針が浮いてしまったら、針の部分をカナヅチで叩いて深く刺す（写真右）。針が曲がってしまった場合は、ラジオペンチで針を抜いてやり直す（写真左）。

21

座板が完成

全体の布や針を整えて座板の完成。

22

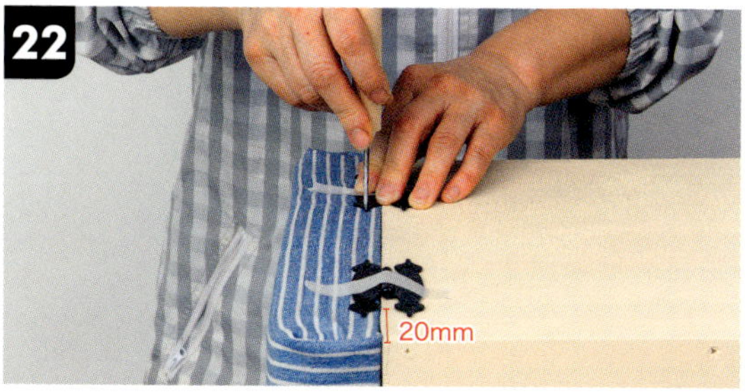

収納箱に座板を付ける

側板A（側板Dでも可）と座板を合わせ、両端20mm程の位置2か所に丁番をマスキングテープで仮止めする。丁番の穴からキリで座板に穴を開ける。

23

ネジで丁番を固定する

22の丁番を付属のネジで固定する。マスキングテープを取って完成。

FINISH!

完成！

調味料ラック

100円で売っている写真立てを活用したかわいらしい調味料ラック。調味料が散らかったキッチンも、おしゃれに、すっきりと片付く。

所要時間 1時間30分
※塗料の乾燥時間は含まず

予算 1,440円

道具

- □ 鉛筆
- □ 電動ドリルドライバー
- □ ドリルビット（2.5mm）
- □ サンドペーパー（#180）
- □ 木工用接着剤　□ ヘラ
- □ キリ　□ ドライバー
- □ マスキングテープ　□ 紙
- □ ノコギリ　□ サシガネ
- □ ビニール手袋　□ ハケ

材料

- □ 杉板12mm厚（縦120mm×横1820mm）×1枚
- □ 写真立ての額（縦159mm×横210mm）×2個
- □ 細ネジ（長さ25mm）×20本
- □ 取っ手×2個　□ 丁番×4個
- □ 細ネジ（取っ手の付属）×2本
- □ 細ネジ（丁番の付属）×16本
- □ ミルクペイント（グリーン）

組立て図

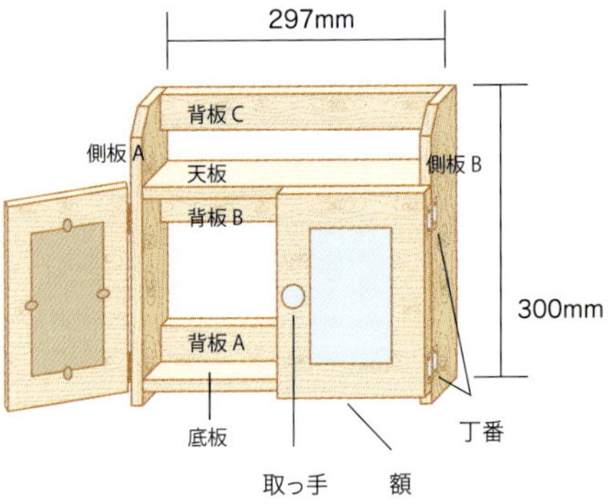

木取り図

●額

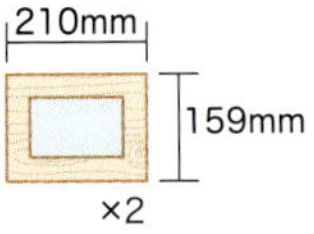

●丁番、取っ手

●杉板12mm厚

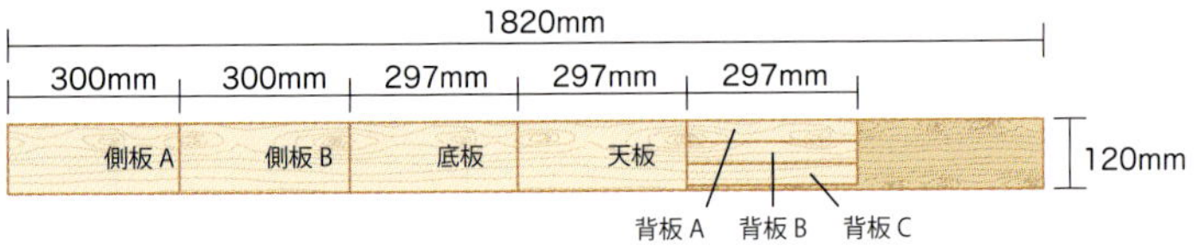

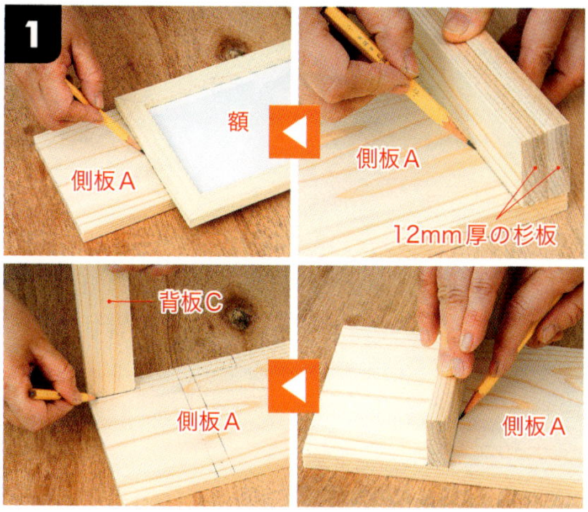

側板A・Bに印を付ける

脚をつくるため、側板Aの片方の短辺に12mm厚の杉板2枚を合わせてあて、鉛筆で底板の位置を示す線を引く（写真右上）。その線を下辺として扉になる額を合わせ、額の高さの位置で線を引く（写真左上）。額の高さに引いた線を上辺として12mmの杉板をあて、天板の位置を示す印を付ける（写真右下）。側板Aの上辺の背側（後ろになるほう）に背板Cを合わせて印を付ける（写真左下）。背板A・Bの位置も2の写真を参考に印を付ける。側板Bは側板Aと左右対称になるように同様に線を引く。

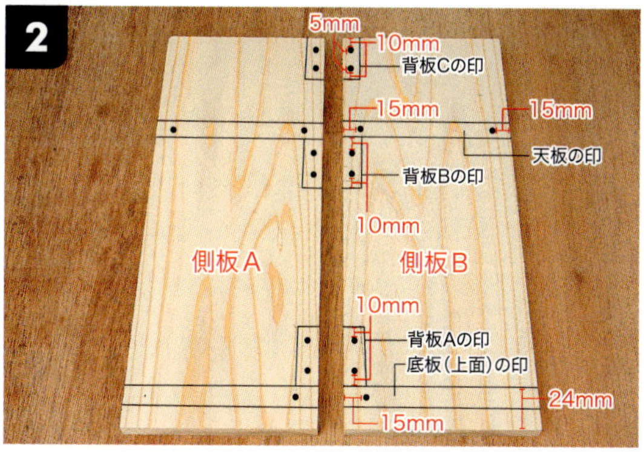

ネジ印を付ける

写真を参照し、側板A・Bにネジ穴位置の印を計18か所に付ける。

ネジ印に下穴を開ける

側板A・Bの2で付けた全てのネジ穴位置に、ドリルビットで下穴を開ける。下穴にささくれがある場合は、サンドペーパーでをサンディングして表面を整える。

細ネジを仮止めする

引いた線を下向きにして、3で開けた下穴全てに細ネジを仮止めする。

底板に木工用接着剤を塗る

底板の木口面にヘラで木工用接着剤（以下接着剤）を塗る。

側板と底板を合わせる

側板Aと底板を合わせ、仮止めしていた細ネジで固定する。このとき、底板の下に1枚板（材料外）を添えて支えにすると良い。

添え板を外す

添え板を外すと一段上がったところに底板が設置され、側板の脚ができる。2で付けた天板の線に合わせて、天板も固定する。

← 次ページにつづく

背板 A に接着剤を塗る

背板Aの底面と側板Aと接する側面に接着剤を塗り、ヘラで伸ばす。

底板と側板 A に背板 A を接着する

7の底板と側板Aに8の背板の接着剤を塗った面を接着する。

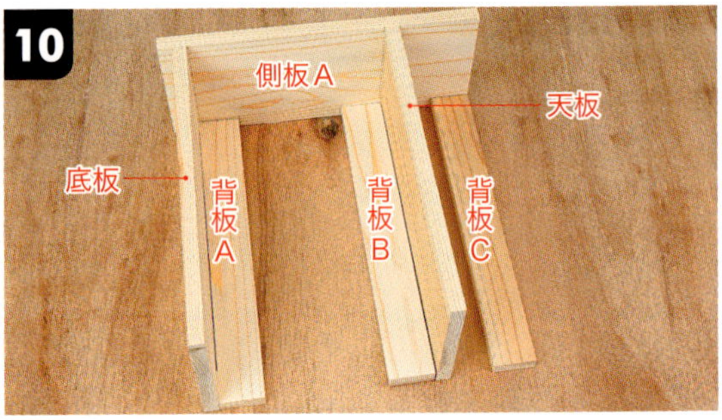

9に背板 B・C、天板を接着する

同様に背板Bは側板Aと天板に接する面に、背板Cは天板と側板Aに接する面に接着剤を塗って、それぞれ接着する。背板用に仮止めした細ネジを固定する。

側板 B を接着する

10の底板、天板、背板A·B·Cの反対側に接着剤を塗り、側板Bを接着する。このとき、側板Bの上辺を背板Cの上辺に合わせる。

側板 B を底板から固定する

4で仮止めしていた側板Bの細ネジで底板に添え板をして固定する。（6参照）

側板 B を固定する

底板を固定したら、天板、背板A、B、Cの順に仮止めしていた細ネジを固定する。側板Bも同様に固定する。

ラックが完成

接着剤を乾かし、ラックのボディ部分が完成。

扉に下穴を開ける

扉になる額Aの、長辺の枠板の上から80mmのところに取っ手を付けるため、鉛筆で印を付ける。不要な板（材料外）の上に乗せ、ドリルビット（取っ手に付属しているネジに合わせる）で下穴を開ける。額Bは、額Aと左右対称になる位置にで下穴を開ける。

扉に取っ手を付ける

15に取っ手をあて、裏側からドライバーで付属のネジを締める。

扉に丁番を付ける

16の取っ手と逆側の側面に、上から20mm、下から20mmの位置に丁番を開いて2か所あて、マスキングテープで仮止めする。丁番の穴にキリで下穴を開け、ドライバーで付属のネジを止める。ネジを止めたらマスキングテープを外す。

ラックに扉を固定する

ラックに17をあて、マスキングテープで仮止めする。このとき、扉を開けたときにスムーズに開くように、ラックと扉の間に紙などを挟んで固定し、3mm程度すき間をあけるようにする。ドライバーを使い、丁番を付属のネジでラックに固定する。額Bも同様に行う。

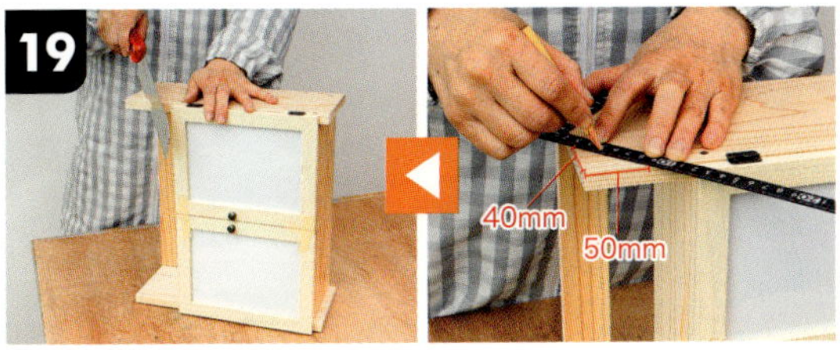

側板上部をノコギリで切る

側板の上部の手前側の角を、サシガネで40mm×50mmの位置を測り、鉛筆で斜めに線を引く。その線に沿ってノコギリで切る。

サンディングする

19で切った面をサンドペーパーでサンディングする。

扉付きラックが完成

全体をサンディングし、扉が付いた状態のラックが完成。

塗装する

ビニール手袋をし、ハケにミルクペイントを含ませ、ラックの内側から塗り、側面、棚板の順に塗る。扉は塗らずに、素材の色を活かす。

FINISH! 完成！

脱衣ラック

スペースに限りがある脱衣所でもすっきり入る縦長脱衣ラック。洗濯物を入れるだけでなく、洗剤などのストックも置けて便利。

所要時間 2時間
※塗料の乾燥時間は含まず

予算 2,640円
※カゴ代は含まず

道具
- □ 鉛筆
- □ クランプ
- □ 丸い缶など
- □ ジグソー
- □ サンドペーパー（#120・180・240）
- □ 電動ドライバードリル
- □ ドリルビット（2.5mm）
- □ ビニール手袋
- □ 古布
- □ ハケ

材料
- □ 1×10材（長さ1820mm、450mm）×各1枚
- □ 1×4材（長さ1820mm）×1枚
- □ 細ネジ（長さ35mm）×34本
- □ 水性ステイン
- □ かご（幅360mm×奥行き260mm×高さ240mm）×2個

組立て図

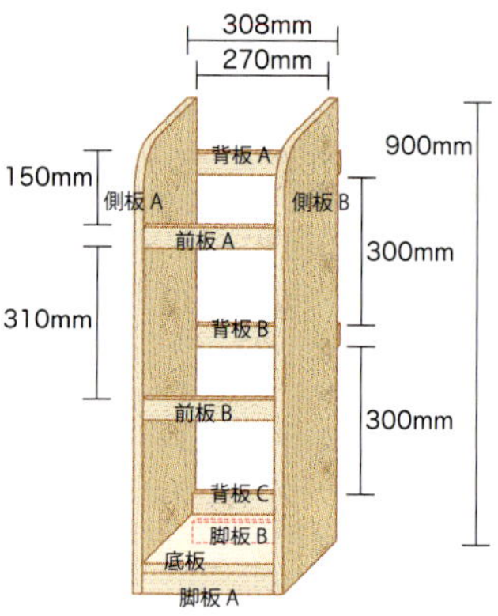

※かごの寸法に合わせて制作しましょう。

木取り図

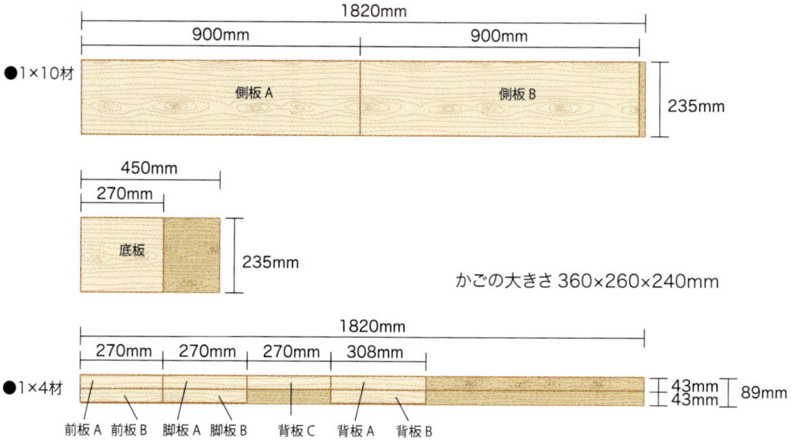

側板に曲線を引く

側板A・Bを重ねてクランプで固定し、上部に板の幅に合うサイズの丸い缶などを活用して鉛筆で曲線を引く。

側板の角に丸みをつける

1の曲線に沿って曲線切り用の刃をつけたジグソーで切る。

サンディングする

2で切った曲線部分をサンドペーパー（#120）で形を整え、サンドペーパー（#180）で表面をなめらかにする。

側板に脚板と底板の印を付ける

側板Aのラックの背面になるほうの底辺の端に脚板Aを立てて鉛筆で印を付ける。そのまま底板を脚板Aに沿わせ底板の板厚分の線を引き、底板の線に背板Cを沿わせながら立て、背板Cの印を付ける。側板Aのラックの後面になるほうの底辺の端には脚板Bの印を付ける。側板Bは側板Aと左右対称になるようして、同様に線を引く。

側板に前板の印を付ける

側板Aのラックの前面の上辺から150mmのところに前板Aの印を、前板Aの下辺から310mmのところに前板Bの印を付ける。側板Bも同様に行う。

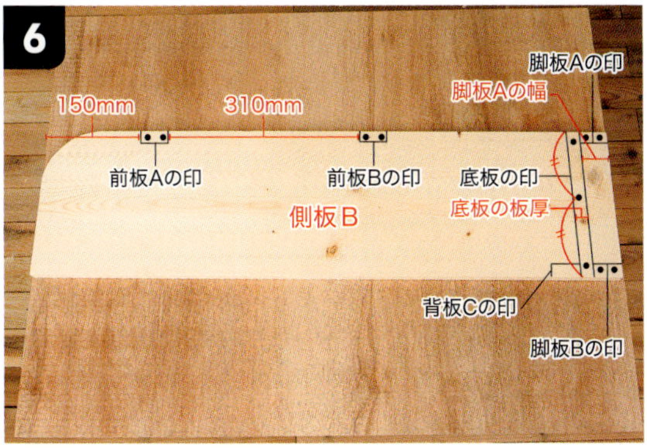

側板にネジ印を付ける

写真を参照して側板Aにネジ穴位置の印を付ける。前板、脚板部分には各2か所ずつ、底板には板幅の中心と両端の3か所の合計11か所にネジ印を付ける。側板Bも同様に印をつける。

← 次ページにつづく

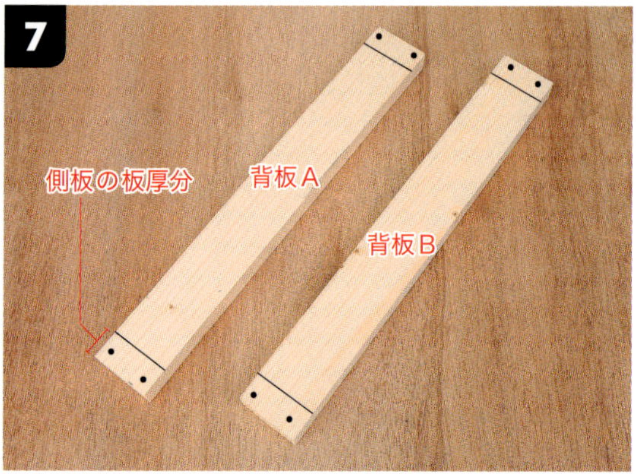

背板に下穴を空ける

背板**A**・**B**の両端に鉛筆で側板の板厚分の線を引き、端から10㎜の位置に2か所ずつネジ穴位置の印を付け､ドリルビットで下穴を開ける。ささくれがある場合は、サンドペーパーでサンディングをする。

側板に細ネジを仮止めする

6で付けた側板**A**・**B**のネジ穴の印全てにドリルビットで下穴を開ける。下穴に細ネジを仮止めする。

側板Bに前板・脚板を固定する

側板**B**に前板**A**・**B**、脚板**A**をあて、仮止めしていた細ネジで固定する。

9に脚板Bを固定する

9に脚板**B**をあて、仮止めしていた細ネジで固定する。

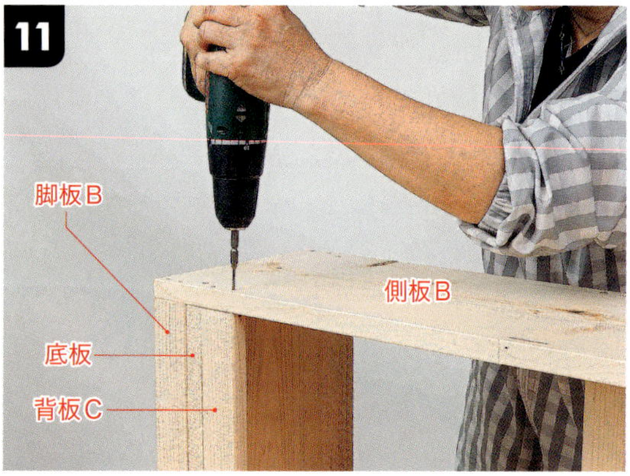

底板・背板Cを固定する

側板**B**を上にして10を横にし、底板をあてて仮止めしていた細ネジで固定する。背板**C**を合わせて仮止めしていた細ネジで固定する。

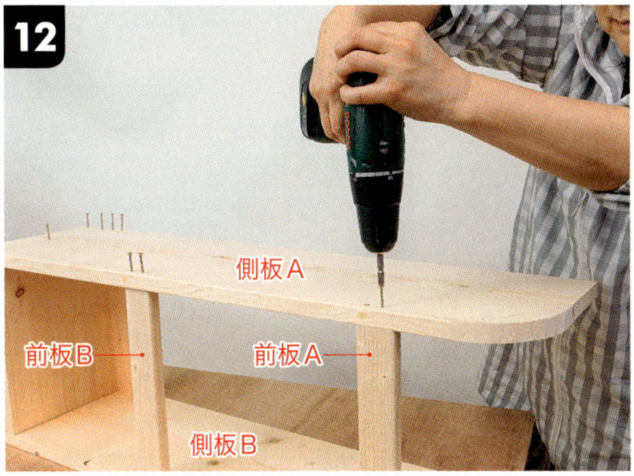

側板 A を固定する

11に側板Aをあて、上部の前板A部分から、前板B・脚板A・脚板B・背板Cの順で仮止めしていた細ネジで固定する。

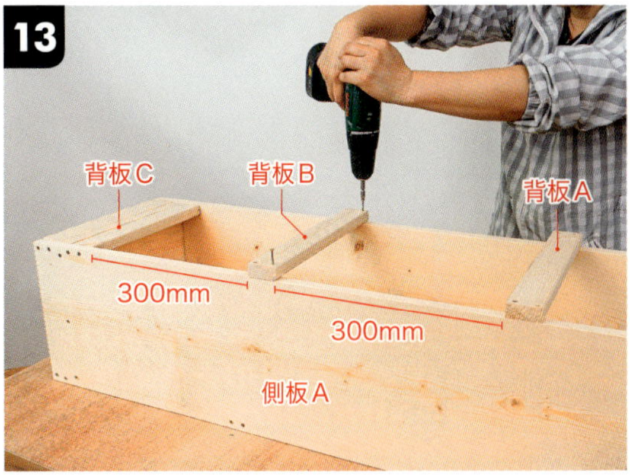

背板 A・B を固定する

ラックの背面が上になるようにし、背板Cから300mm上の位置に背板Bを合わせ、細ネジで固定する。背板Bから300mm上の位置に背板Aを合わせ細ネジで固定する。

塗装前の準備

全体をサンドペーパー(#240)でサンディングしてなめらかにする。ビニール手袋をし、古布で木くずなどを拭いてきれいにする。

塗りにくい面から塗装する

ハケに水性ステインを含ませ、塗りにくい底板の裏面から塗っていく。塗料を塗るときは木目に沿って同じ方向で塗るときれいに仕上がる。他の全ての面も塗料を塗る。

カゴを置く

カゴを2つ用意し、ラックに置く。

FINISH!

完成！

COLUMN 3

ちょっとしたポイントを替えてかんたん！イメージチェンジ術

布を使った家具も、▶選ぶ布地次第で雰囲気も変わるので、定期的に変えてみましょう。

◀アイアンの取っ手は木目を生かしたオイルステイン塗装を施した家具に最適。

P.38 で塗装での DIY アレンジを紹介しましたが、ここではもっと手軽にかんたんにプチアレンジができる方法を紹介します。

今使っている家具に飽きてしまったり、つくった家具がイメージと違ったときは、取っ手や引き出しのノブ、金物、布などを模様替えしてみましょう。取り外しもかんたんで、種類も豊富にあるので、時短 DIY が可能に。取っ手やノブは小さくても存在感があり、デザイン次第では家具の印象をグレードアップさせることができます。

最近ではナチュラル雑貨を多く取り扱っている 100 円ショップや、ネット通販ショップ、インテリアショップでも取っ手や金具などが豊富に取りそろえられています。価格もリーズナブルなものが多いのでプチリメイクにはもってこいです。

次に布ですが、こちらは使用する面積が広ければ広いほど家具自体の印象を左右させるアイテムです。イスのクッション部分などは一見、張り替えが面倒のように思うかもしれません。しかし、そんなことはありません。P.62 の収納イスのクッションの布などは気軽に張り替えが可能です。その際はタッカーなど、専用の木工用工具が必要となります。これからも頻繁に自宅で DIY をされる方は、購入しておくことをおすすめします。P.58 のマガジンラックで使用している布などは、本の重さに耐えられる強度のある布を選びましょう。アレンジをしながら長く使用できるというのは、手づくりの家具ならではの楽しみです。

RECOMMENDED!

タイルを使ったイメージチェンジもおすすめ！

材質、色の展開が豊富なタイルなら、家具のイメージチェンジもかんたん! 陶器製やプラスチック製、ガラス製などがあり、最近ではホームセンターにシールタイプのタイルが数多く出回っているので是非、挑戦してみてください。

PART
4

実践 ③

【 中〜大型の収納家具 】

PART 4 では工程数の多い中〜大型の収納家具を紹介します。難しい技法はないので、基本をおさえてじっくり取り組めばつくれるはずです。完成度の高い収納家具づくりに挑戦してみましょう！

リビング

箱型壁面棚

難しそうに見えた「壁面収納」がお手軽に。箱型の棚に小物や植物などを飾ってお部屋のイメージをちょっとおしゃれに。

所要時間 1時間30分
※塗料の乾燥時間は含まず

予算 1,920円
※塗料は含まず

道具
- □ 鉛筆 □ サシガネ
- □ サンドペーパー（#180、240）
- □ 電動ドリルドライバー
- □ ドリルビット（2.5㎜）
- □ 木工用接着剤
- □ マスキングテープ
- □ キリ □ ハケ
- □ 古布

材料
- □ 杉板12㎜厚（幅90㎜×長さ1820㎜、幅90㎜×長さ900㎜）×各1枚
- □ 細ネジ（長さ25㎜）×20本
- □ 三角吊り金具×2個
- □ 水性ステイン

木取り図

●杉板12mm厚

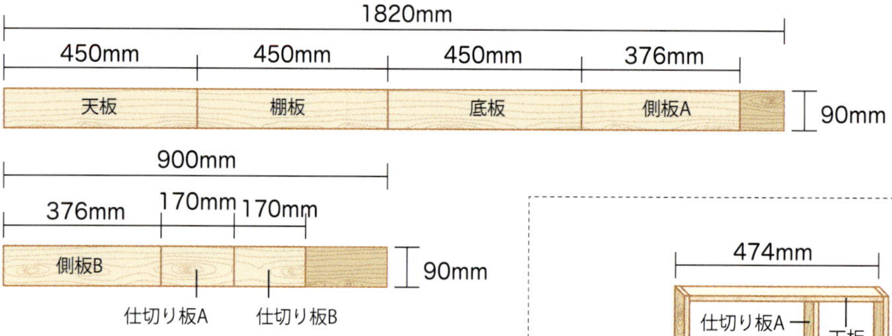

※杉板の余った部分を添え板として使う。
壁に掛けたときの箱の耐加重は、
壁の種類によっても変わるので注意してください

組立て図

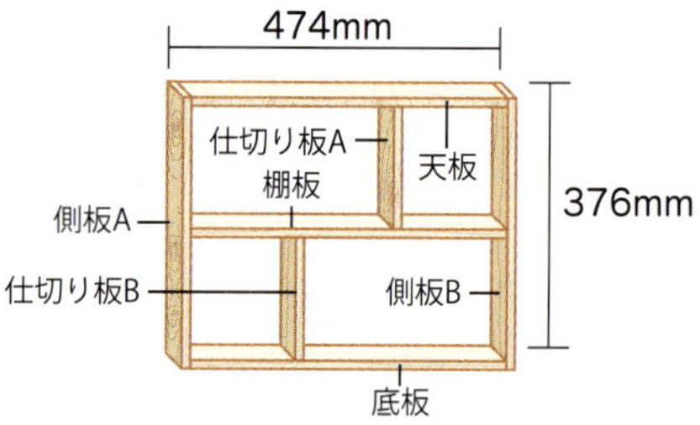

側板 A に底板の印を付ける

側板Aに底板をあて、側板Aに底板の板厚分の線を引く。棚板、天板も目安で仮置きしておくと作業しやすい。

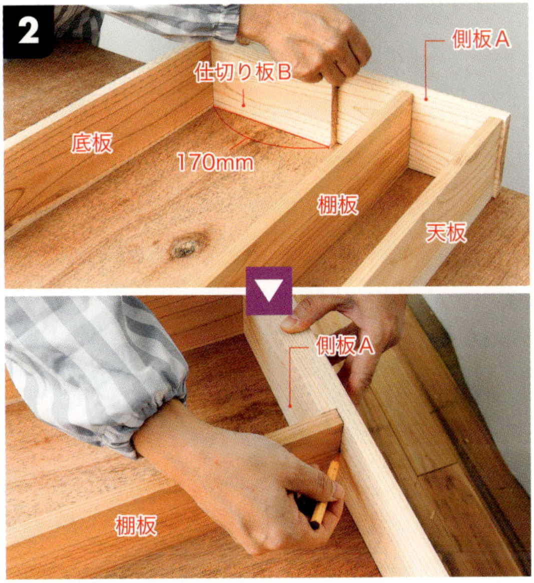

側板 A に棚板の印を付ける

仕切り板Bを底板にあて、側板Aに線を引く。その上に棚板をあて、側板Aに棚板の板厚分の線を引く。

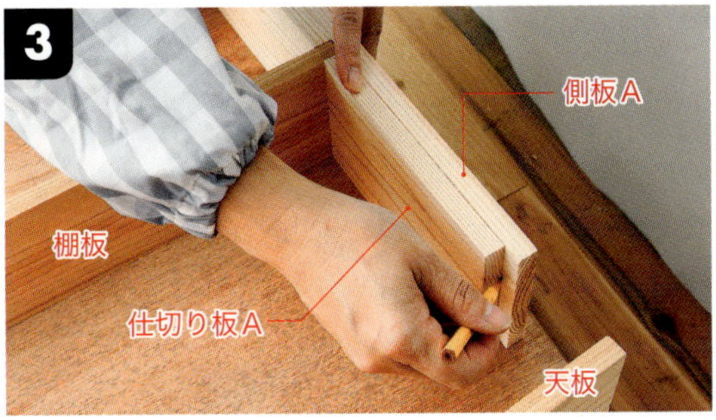

側板 A に天板の印を付ける

棚板の上に仕切り板Aを合わせ、天板の厚みと合うか確認しながら側板Aに鉛筆で印を付ける。

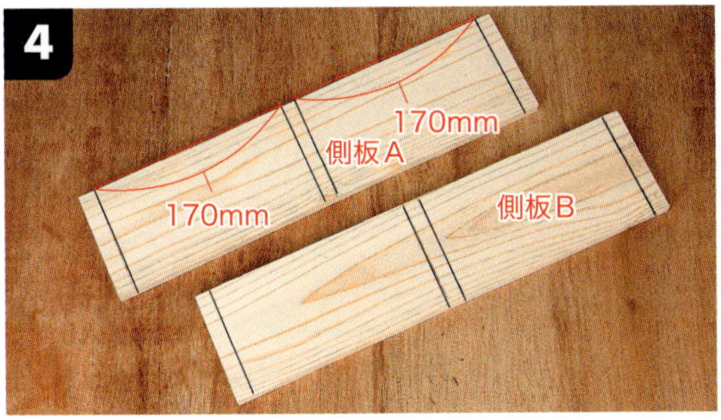

側板Bにも印を付ける

側板Bも同様に鉛筆で底板、棚板、天板の印を付ける。

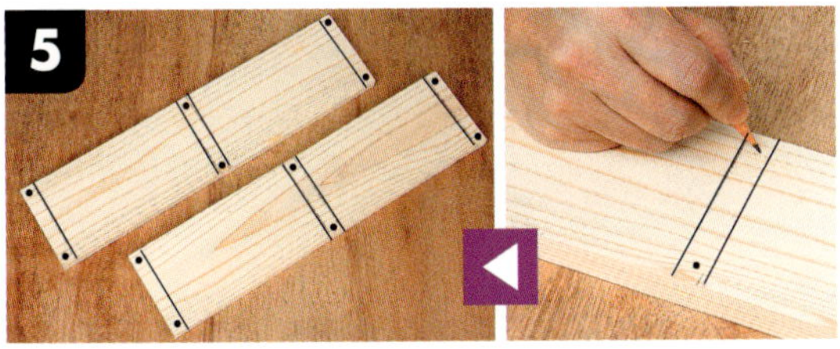

ネジ穴の印を付ける

4で印を付けた側板A・Bの3か所に、それぞれ両端から10mmのところにネジ穴の印を付ける。

内側の板を仮組みする

天板、棚板、底板、仕切り板を仮組みする。サシガネで底板の左端から150mmのところに仕切り板Bの印を付ける。

棚板、天板に仕切り板の印を付ける

6の位置で棚板に仕切り板Bの印を付ける。仕切り板Aは、天板の右端から150mmのところで天板、棚板に印を付ける。

← 次ページにつづく

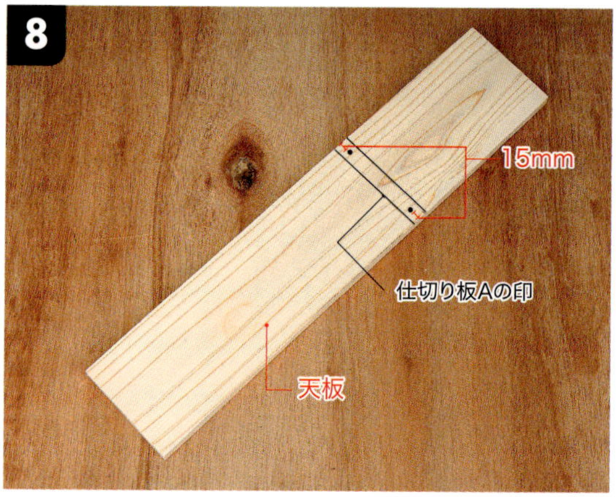

天板、棚板、底板にネジ穴の印を付ける

6 7で付けた仕切り板の印の部分に、板厚の中心両端から15mmのところ2か所（棚板は表裏計4か所）にネジ穴の印を付ける。

全ての板に下穴を開ける

5 8の全てネジ穴の印を付けたところにドリルビットで下穴を開ける。下穴を開けたところはサンドペーパーで整える。

細ネジを仮止めする

全ての板に下穴を開けたら細ネジで仮止めする。棚板の仕切り板Aの印（裏側部分）は組み立て時に止めるので仮止めはしないでおく。

添え板を仮止めする

棚板の仕切り板Bの印に仕切り板をまっすぐ付けるための添え板を合わせ、マスキングテープで仮止めする。

仕切り板Bに接着剤を塗る

仕切り板Bの側面に木工用接着剤（以下接着剤）を塗り、ヘラで伸ばす。

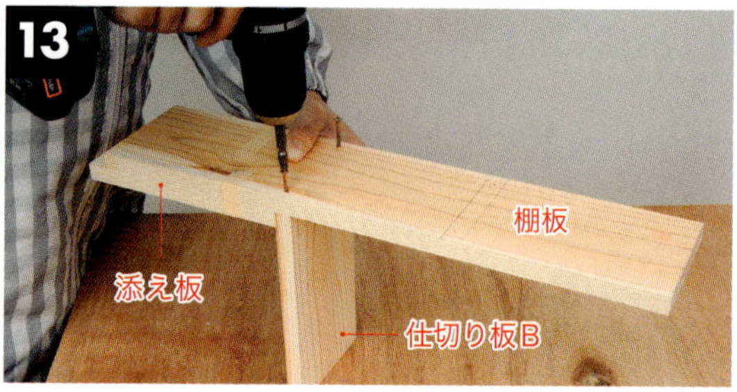

棚板と仕切り板Bを固定する

棚板の仕切り板の印に仕切り板Bの接着剤を塗った面を合わせ、棚板に仮止めしていた細ネジを固定する。

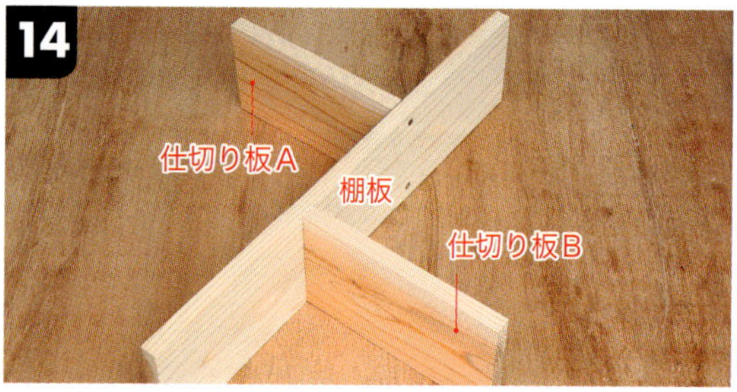

13と仕切り板Aを固定する

仕切り板Aも同様に細ネジで固定する。

15

全体を接着する

14と天板、底板、側板A･Bを接着する。接着したらずれないように各板をマスキングテープで仮止めする。

16

細ネジを固定する

各板の仮止めしていた細ネジを、天板、棚板、底板の順に固定する。

17

三角吊り金具を仮止めする

天板と側板の角に三角吊り金具をマスキングテープで仮止めし、キリで下穴を開ける。

18

三角吊り金具を固定する

17の下穴に付属のネジをさし、ドライバーで固定する。

19

収納棚が完成

マスキングテープを外し、箱型の収納棚が完成。

20

水性ステインを塗る

水性ステインをハケに含ませて塗装する。塗りにくい内側から塗っていき、棚全体を塗る。

21

余分な塗料を拭き取る

余分な塗料を、乾いた古布を使って拭き取る。

FINISH!

完成！

ヴィンテージ風壁面棚

ヴィンテージ風でおしゃれな壁面棚もDIYで手軽にチャレンジ。塩ビパイプにエイジングを施してお部屋のアクセントに。

所要時間 1時間30分
※塗料の乾燥時間は含まず

予算 3,000円
※塗料は含まず

道具
- □ パイプ用ノコギリ
- □ 塩ビ用接着剤
- □ サンドペーパー(#120)
- □ カナヅチ
- □ ビニールシート
- □ 古布　□ スポンジ
- □ 電動ドリルドライバー

材料
- □ 塩ビパイプ(φ22mm・1250mm)×1本
- □ 杉板24mm厚(幅100mm×長さ910mm)
- □ フランジ×2個
- □ 継手エルボ×1個
- □ バルブソケット×1個
- □ 給水用エルボ×1個
- □ 塩ビキャップ(φ22mm)×2個
- □ 水性ペンキ(ウォールナット)
- □ ワックス
- □ メッキ調スプレー
- □ 塗料(黒)
- □ サドル×4個
- □ タッピングトラスネジ(3.5mm×長さ10mm)×8本

組立て図

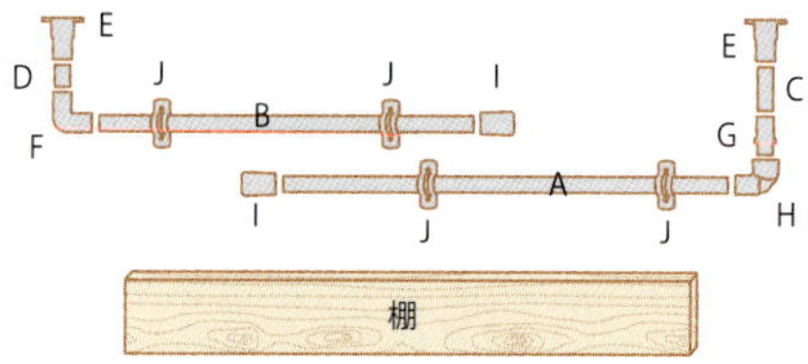

木取り図

●杉板24mm厚

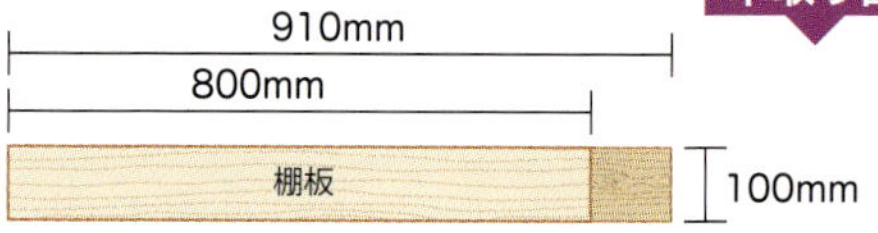

パーツ

●フランジ、継手エルボ、バルブソケット、

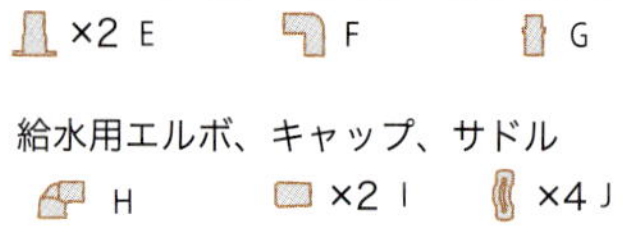

●塩ビパイプΦ22mm・1250mm

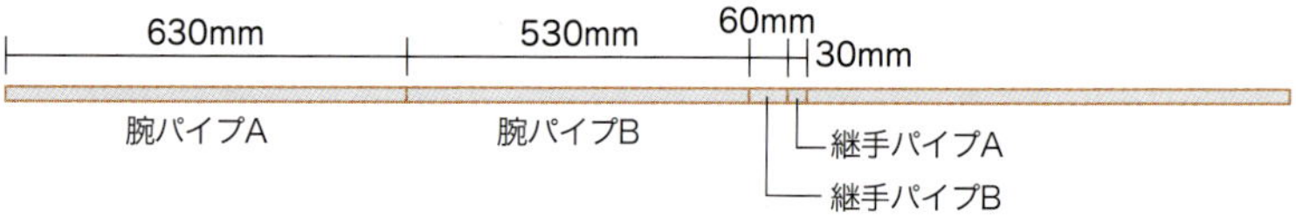

※いろいろな組み合わせ方があるので、自由にアレンジを楽しんで

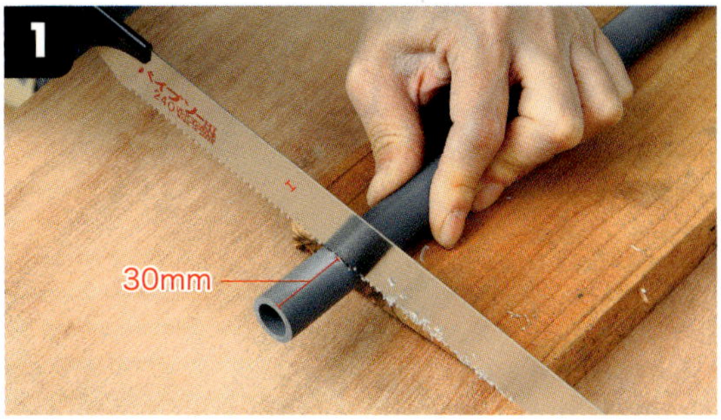

継手パイプAを切り出す

塩ビパイプを端から30mmのところで、パイプ用ノコギリで切る。

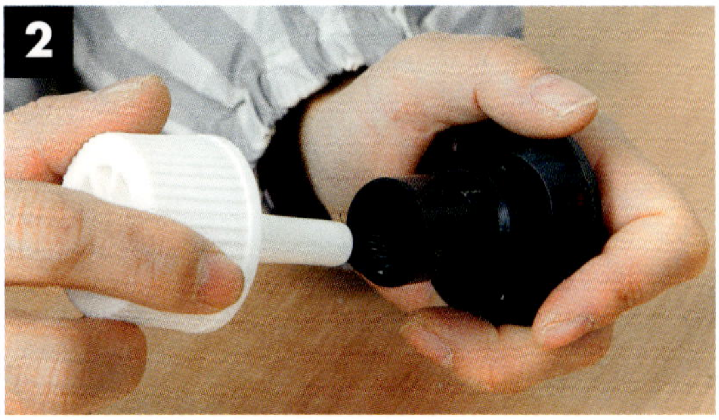

フランジに接着剤を塗る

フランジの内側に塩ビ用接着剤を、全体が濡れた状態になるまで塗る。

継手パイプAに接着剤を塗る

継手パイプAの外側の、フランジに入る深さくらいの位置に塩ビ用接着剤を塗る。

2に3をはめ込む

2に3をはめ込んで固定し、塗った接着剤を10〜20分乾かす。

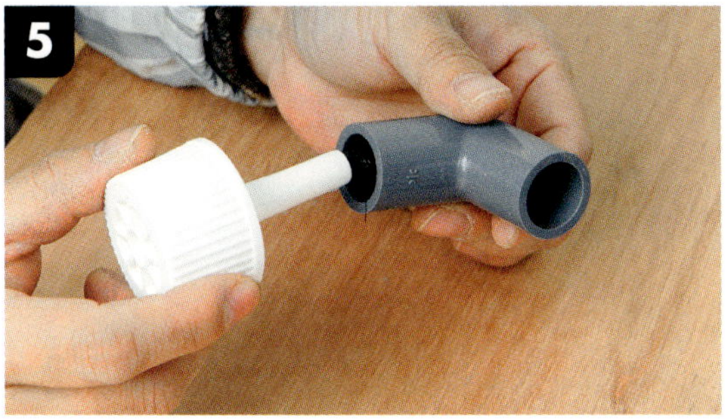

塩ビ継手エルボに接着剤を塗る

塩ビ継手エルボの片方の内側に塩ビ用接着剤を塗る。

4と5を組み合わせる

4のパイプの外側部分に塩ビ用接着剤を塗り、5に差し込む。

塩ビパーツを組み合わせる

1〜6の要領でフランジ、60mmで切った継手パイプB、バルブソケット、給水用エルボの順にはめ込み、組み合わせる。

← 次ページにつづく

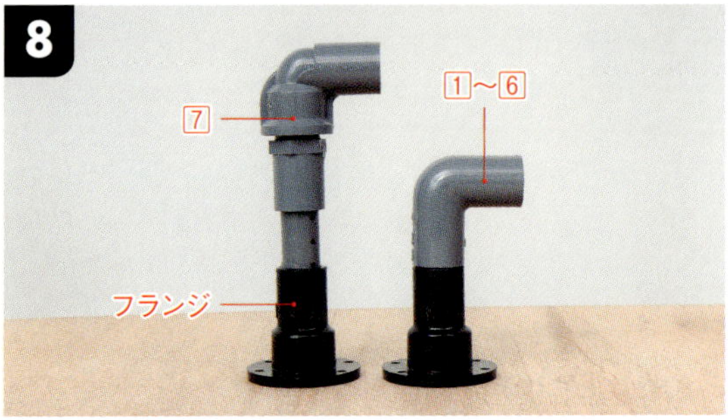

壁の取り付けパーツが完成

棚板の支えを壁に取り付けるためのパーツが完成。フランジに接着するパイプの長さは、棚板の幅によって調節する。

棚板の支えパーツが完成

腕パイプA・Bの先にキャップを接着し、8にはめて棚の支えとなる塩ビパイプパーツA・Bが完成。

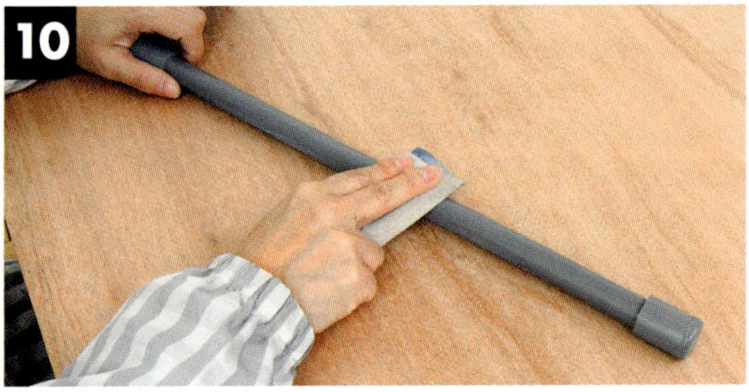

塩ビパイプをサンディングする

塩ビパイプパーツA・Bの管部分をサンドペーパーでサンディングする。

ネジで穴を開けてエイジングする

棚板にランダムにカナヅチでネジを打ち込み、穴を開けてエイジング（わざとダメージを与え、アンティークな味わいを出す方法）する。ネジは途中まで打ち込んで抜く。

カナヅチで叩いてエイジングする

カナヅチで直接棚板の色々なところを叩いてエイジングする。この他、ノコギリで傷を付ける方法もある。

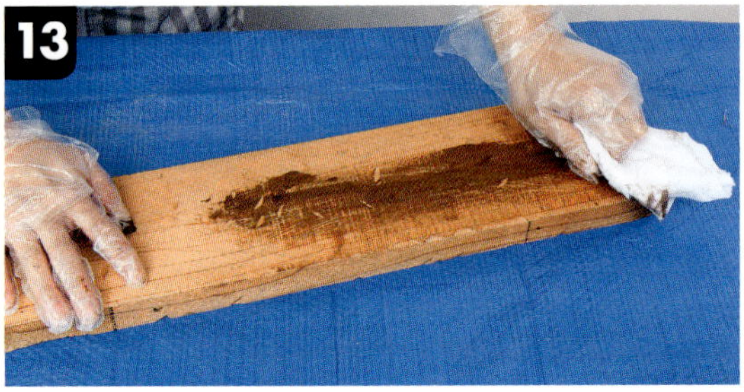

棚板にペンキを塗る

古布にウォールナットの水性ペンキを染み込ませ、棚板にこすり付けるように薄く塗る。

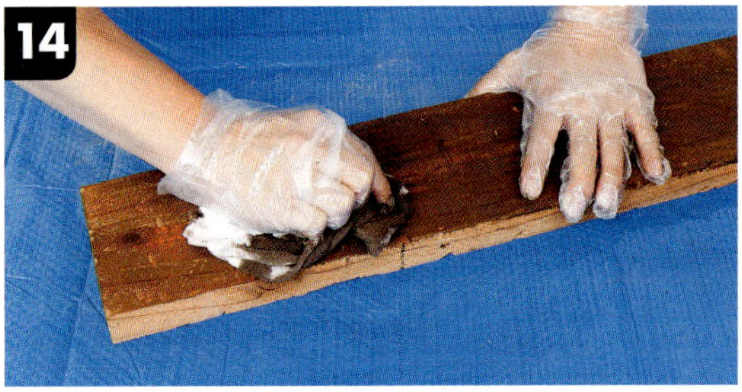

濃い色にしたい場合は二度塗りをする

好みで濃い色にしたい場合は13で塗った塗料が乾いた後に、二度塗りをする。

30分ほど乾かす

塗り終わったら30分ほど乾かして、塗料をなじませる。

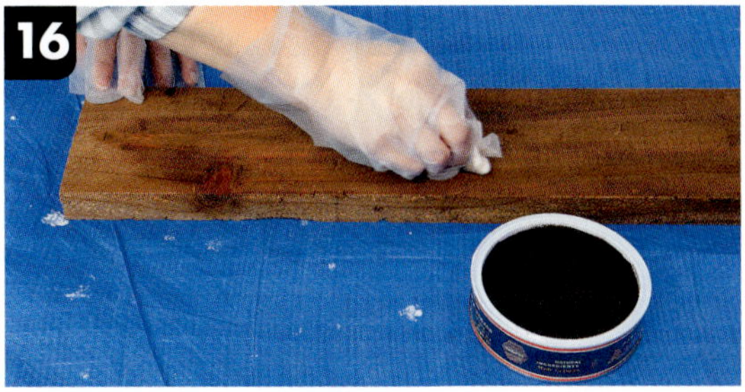

上からワックスを塗る

乾燥後、古布にワックスを染み込ませ、塗料の上からこするように塗る。

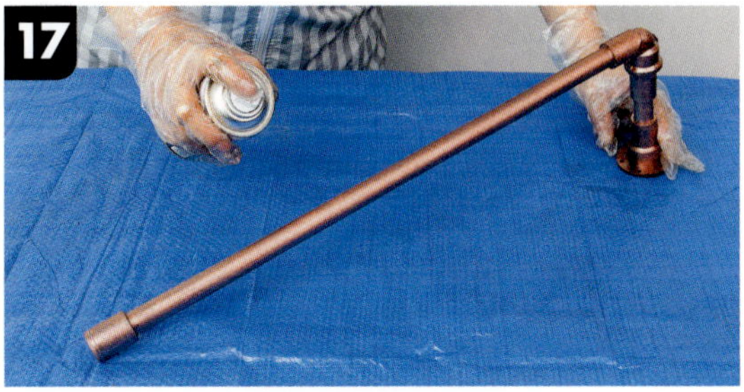

スプレーを吹き付ける

塩ビパイプパーツAに、メッキスプレーを吹き付ける。塩ビパイプのグレーの部分が多少見えているぐらいでもOK。

塗料を乾かす

塩ビパイプパーツBも同様にメッキスプレーを吹き付け、30分ほど乾かす。

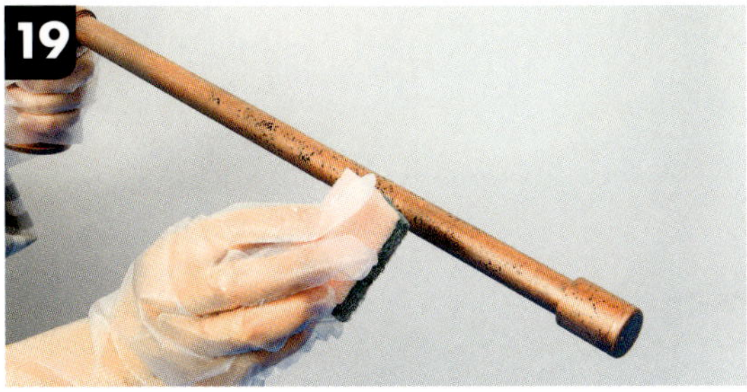

スポンジで塗料（黒）を塗る

塗料を垂れない程度にスポンジに少量とり、塩ビパイプパーツA・B全体に塗る。

古布で塗料をこする

古布で19で塗った塗料をこするように伸ばし、30分ほど乾かしてエイジング完了。

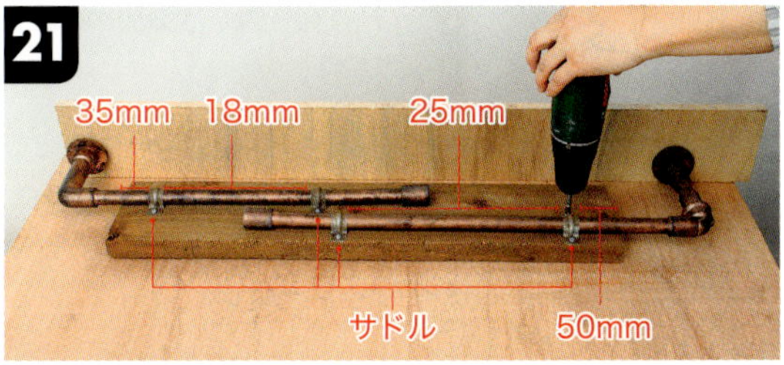

棚板に塩ビパイプを設置する

棚板に塩ビパイプパーツA・Bを向かい合わせるように配置する。写真の位置でサドルをそれぞれ2か所に配置し、タッピングトラスネジを電動ドライバーで固定する。

FINISH!

完成！

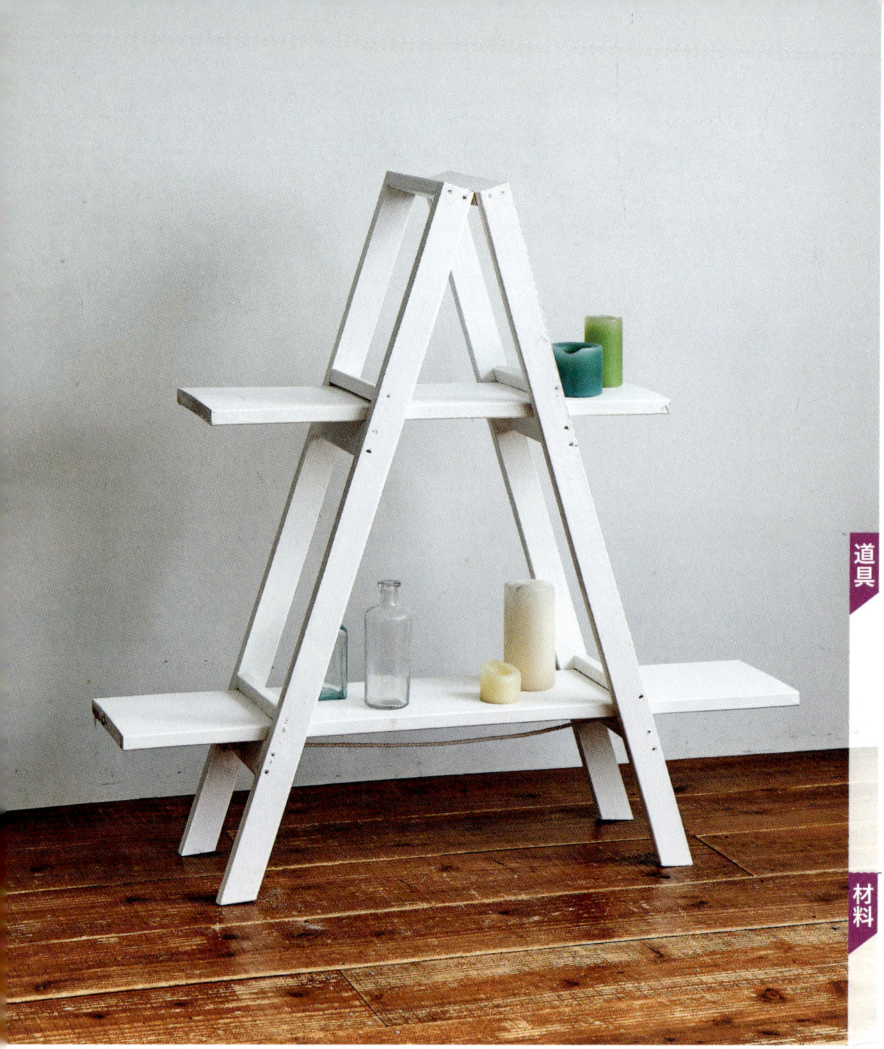

リビング

三角ラック

折りたたみ可能な三角ラック。観葉植物や雑貨を置いて、ワンランク上のリビングのインテリアに。

所要時間 2時間30分
※塗料の乾燥時間は含まず

予算 1,560円
※塗料は含まず

道具

- □ 鉛筆
- □ メジャー
- □ 電動ドリルドライバー
- □ ドリルビット(2.5mm、6mm)
- □ 木工用接着剤
- □ ヘラ
- □ マスキングテープ
- □ キリ
- □ ドライバー
- □ サシガネ
- □ ノコギリ
- □ 厚紙
- □ サンドペーパー(#180、240)
- □ ハケ

材料

- □ 1×8材(長さ1820mm)×1枚
- □ 1×4材(長さ1820mm、910mm)×各1枚
- □ 細ネジ(長さ35mm)×32本
- □ 丁番×2個
- □ ひも(長さ800mm)×1本
- □ ミルクペイント(白)

組立て図

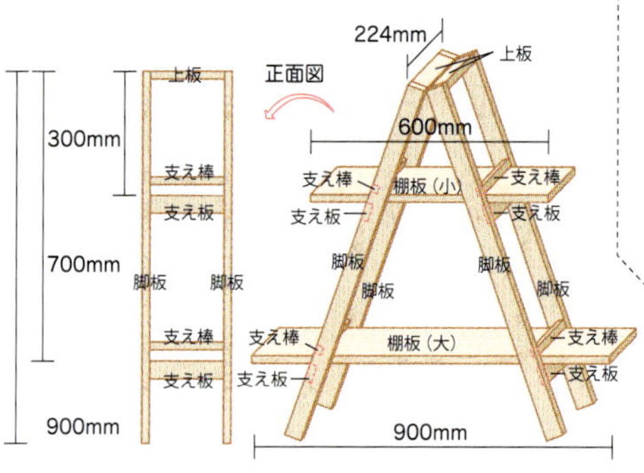

※1×8材の余った部分を添え板として使う

木取り図

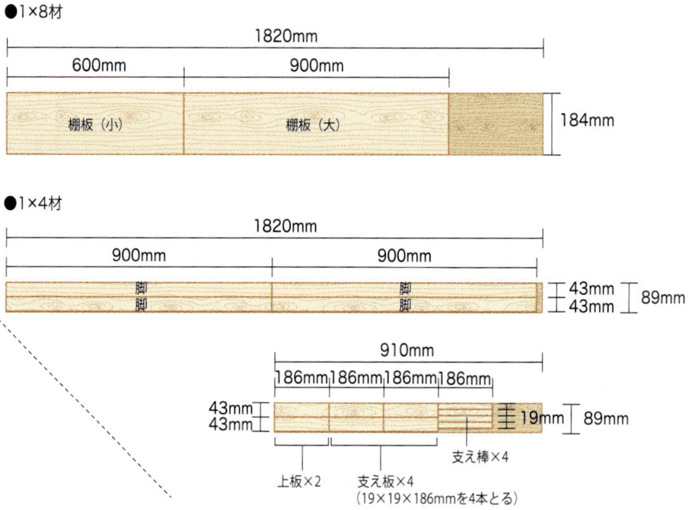

脚板4本に印を付ける

脚板の上部からメジャーで300mm、700mmのところを測り、鉛筆で印を付ける。4本全て同様に印を付ける。

全ての脚板に板厚の印を付ける

1で付けた端から300mmの印に合わせて支え板をあて、板厚の印を付ける。端から700mmの印の位置も同様に行う。板の印の内側に写真のように各2か所ネジ穴の印を付ける。

脚板の上部に上板の印を付ける

脚板の上部に上板の板厚分の線を引き、両端から10mmの位置に2か所ネジ穴の印を付ける。

脚板に下穴を開ける

4本全て同様に印を付け、ネジ穴の印にドリルビット（2.5mm）で下穴を開ける。

支え板に木工用接着剤を塗る

支え板と脚板が接する面に木工用接着剤（以下接着剤）を塗り、ヘラで伸ばす。これを4枚用意する。

次ページにつづく

脚板に支え板を固定する

脚板を2本用意する。2で付けた印を内側にし、支え板を印に合わせて組み合わせる。脚板の下穴から細ネジで固定し、はしごをつくる。端から700mmの印の位置にも同様に支え板を固定する。

はしごを2組つくる

6のはしごを同様にもう1組つくる。

上板に丁番を固定する ①

上板を2枚重ね合わせ、マスキングテープで固定する。

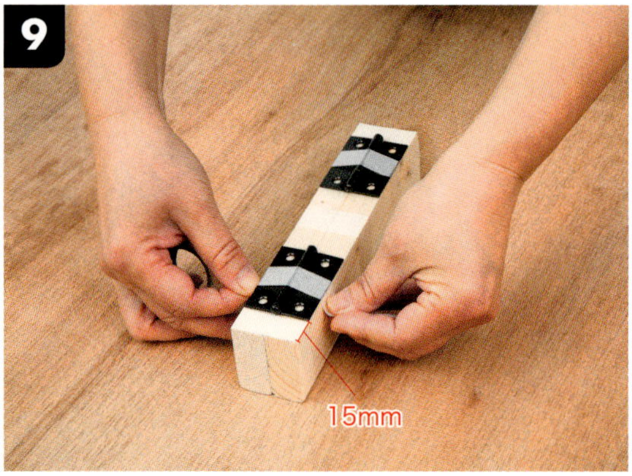

上板に丁番を固定する ②

8の上に丁番を両端から15mm、の位置に置き、丁番の軸が上になるようにスキングテープで仮止めする。

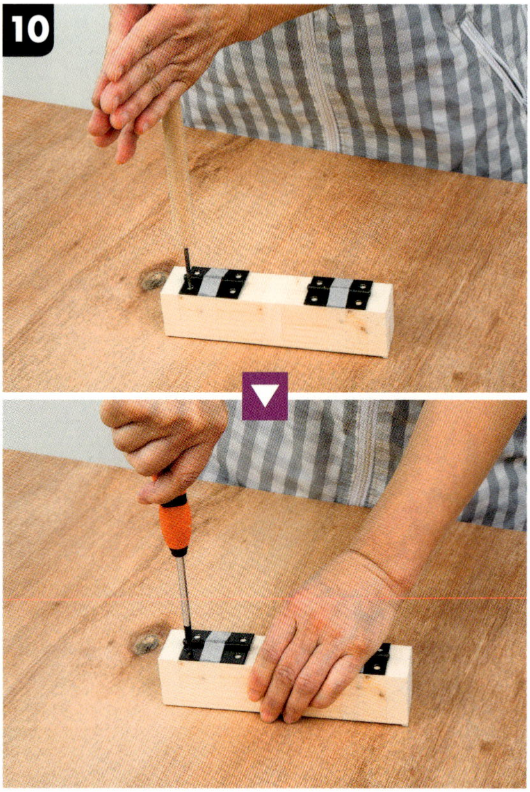

上板に丁番を固定する ③

丁番の穴にキリで下穴を開け、付属のネジをドライバーで固定する。

上板の開閉を確認する

上板のマスキングテープをはがす。極端に曲がってしまった場合は、穴をずらしてやり直す。

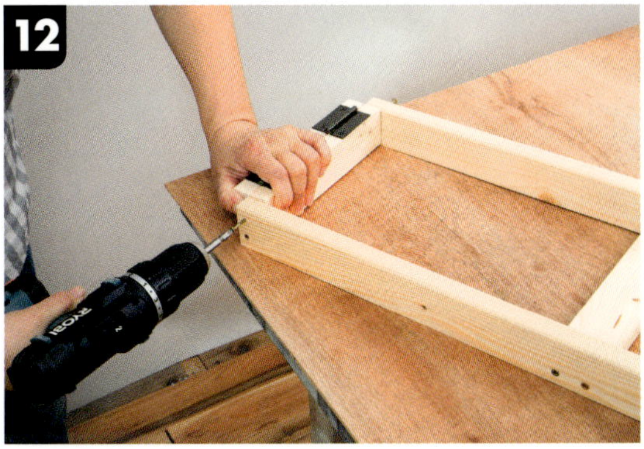

上板をはしごの脚に固定する

3で付けた脚板の印に11のaの板を合わせ、4で開けた下穴から細ネジで固定する。

反対側の脚板を固定する

11のbの板に、もうひと組のはしごの上部を合わせる。同様に、脚板の下穴から細ネジで固定する。このとき、支え板が下側になるようにする。

反対側からも固定する

12 13で固定したはしごを、反対側からも細ネジで固定する。

下の支え板に印を付ける

下の支え板に、サシガネで脚板から93mmの位置を測り、板の中央に鉛筆で印を付ける。

下の支え板に穴を開ける ②

不要な板(材料外)を敷き、15で付けた印にドリルビット(6mm)で穴を開ける。板を敷くことで大きな割れを防ぐことができる。反対の下の支え板も同様に行う。

← 次ページにつづく

脚板をひもでつなげる

両脚板を開いた状態で穴にひもを通し、両端に結び目をつくって固定する。余分な部分はハサミで切る。

棚板を乗せる

脚板を開いた状態で、上段、下段に棚板を乗せる。

支え棒を合わせる

棚板を安定させるための支え棒を取り付ける。棚板を出し入れしやすくする隙間をつくるために、棚板の上に2mmくらいの厚紙を挟み、その上に支え棒を置く。塗料をマットな仕上がりにする場合や、頻繁に折りたたんで使う場合は、隙間を大きくつくる。

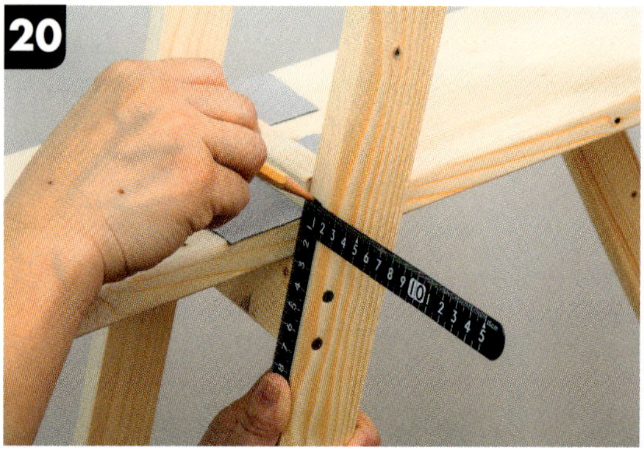

支え棒の中心を示す印を付ける ①

サシガネで支え棒の中央部分を示す線を脚板の外側に向けて引く。

支え棒の中心を示す印を付ける ②

20で引いた線を脚板の外側まで延長し、支え棒の中心（端から約10mm）を示す印を付ける。

支え棒を脚板に固定する

21で付けた印にドリルビット（2.5mm）で下穴を開け、細ネジを締めて脚板に支え棒を固定する。19～21を上段、下段ともに4か所全てで同様に行う。19で挟んだ紙を引き抜き、棚板が出し入れしやすいか 確認する。窮屈な場合はサンドペーパーなどで調整する。

脚板の底面に床と平行な線を引く

脚板に板厚20mmほどの添え板（材料外）を合わせ、床と平行な線を引く。4本の脚板を立てて、ガタツキがある場合、床から浮いた脚板はそのまま線を引く。

角から上に線があるか確認する

23の線を引いた状態。脚板の浮いているほうの角より線が上に来るように、添え板の厚みに注意する。

板脚の底面を切る

23で引いた線に沿ってノコギリで切る。

全ての脚板を切る

全ての脚板を切る。安定しないようであれば底面をサンドペーパーなどで調整する。安定したら、塗装前の状態が完成。

塗装する

棚板とひもを外し、脚板から塗装をする。ハケにミルクペイントを含ませて、伸ばすように薄く塗る。脚板が塗り終わったら、棚板を同様に塗る。乾いたら再度ラックを組み合わせる。

FINISH!

完成！

大型ラック

テントやタープなど大きくてかさばるアウトドアアイテムも収納できる大型ラック。ダッチオーブンなどの重いものにも耐える頑丈さがポイント。

所要時間 3時間
※塗料の乾燥時間は含まず

予算 3,600円
※塗料は含まず

道具

- □ 鉛筆
- □ サシガネ
- □ 電動ドリルドライバー
- □ ドリルビット(2.5mm)
- □ 木工用接着剤
- □ ヘラ
- □ サンドペーパー(#180、240)
- □ メジャー
- □ サシガネ
- □ スポンジ
- □ 古布

材料

- □ 2×4材(長さ1820mm)×2枚
- □ 1×3材(長さ1820mm)×4枚
- □ 1×4材(長さ1820mm)×1枚
- □ 針葉樹合板12mm厚(縦300mm×横910mm)×3枚
- □ 細ネジ(長さ55mm)×60本
- □ ワトコオイル

組立て図

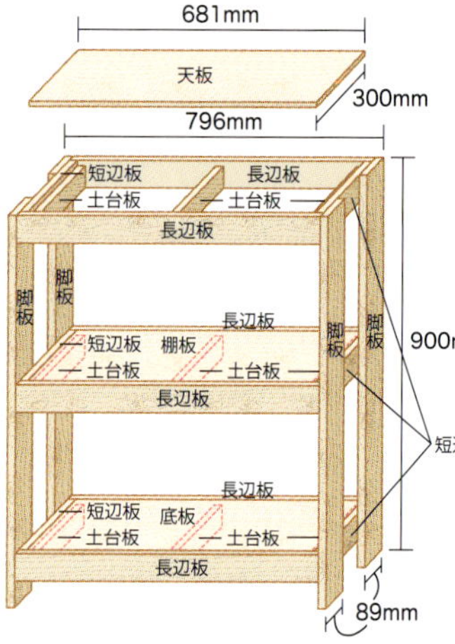

木取り図

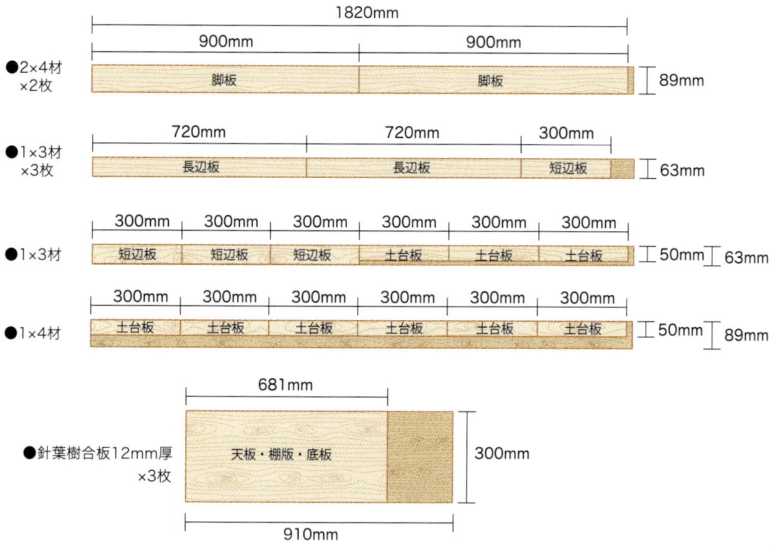

1

土台板にネジ穴の印を付ける

土台板に横半分の線を引く。サシガネで端から中央150mm、両端から20mmを測り、鉛筆で3か所にネジ穴の印を付ける。土台板5枚も同様に行う。

2

土台板に下穴を開ける

1で印を付けたところ全てにドリルビットで下穴を開ける。

3

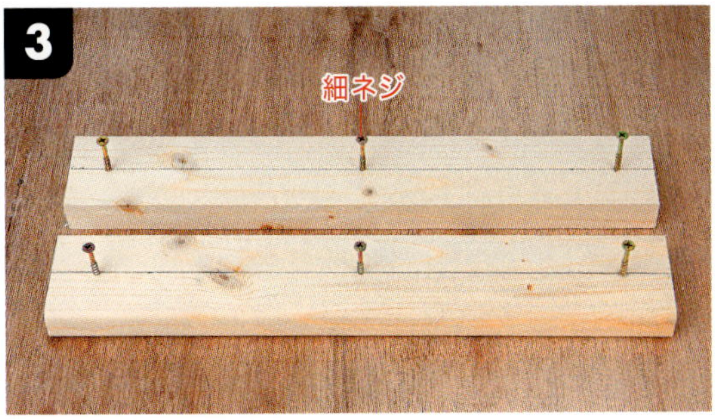

細ネジを仮止めする

作業しやすいよう、2で開けた下穴に細ネジを仮止めする。

4

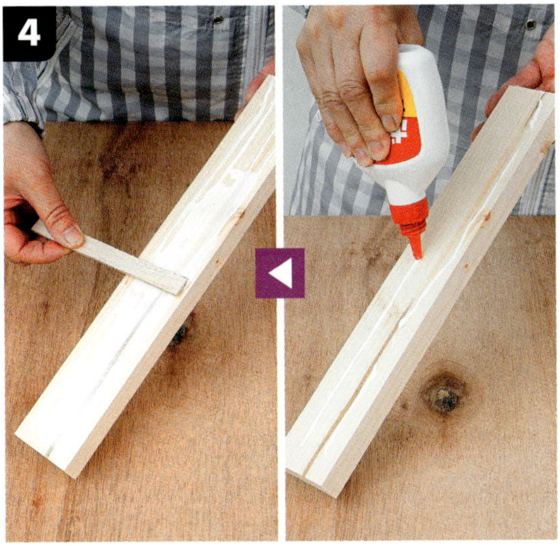

土台板に木工用接着剤を塗る

土台板の片面に木工用接着剤（以下接着剤）を塗って、ヘラで全体に伸ばす。他5枚も同様に行う。

5

土台板と短辺板を固定する

4の接着剤を塗った面の下に短辺板を重ね合わせ、仮止めしていた細ネジを固定する。他5枚も同様に行う。

6

長辺板を測る ①

長辺板に土台板を置き、板厚で両端に線を引く。他5枚も同様に行う。

← 次ページにつづく

長辺板を測る ②

写真のように長辺板にネジ穴の印を両端に2か所ずつ付ける。他5枚も同様に行う。

長辺板に下穴を開ける

7で印を付けたところにドリルビットで下穴を開け、サンドペーパーで表面を整える。

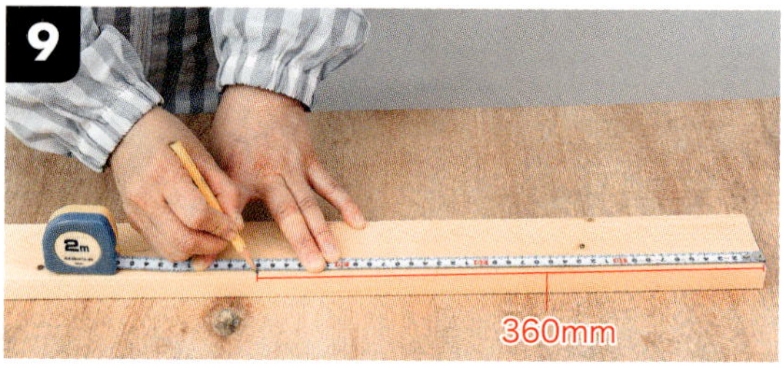

長辺板の中央に印を付ける

メジャーで8の端から360mmのところを測り、鉛筆で印を付ける。他5枚も同様に行う。

土台板の木口に印を付ける

土台板の木口の中央に鉛筆で印を付け、反対側も同様に行う。他5枚も同様に行う。

長辺板の中央に板厚の線を引く

9で付けた印と10で付けた印を直角に合わせ、長辺板に土台板の板厚で線を引く。他5枚も同様に行う。

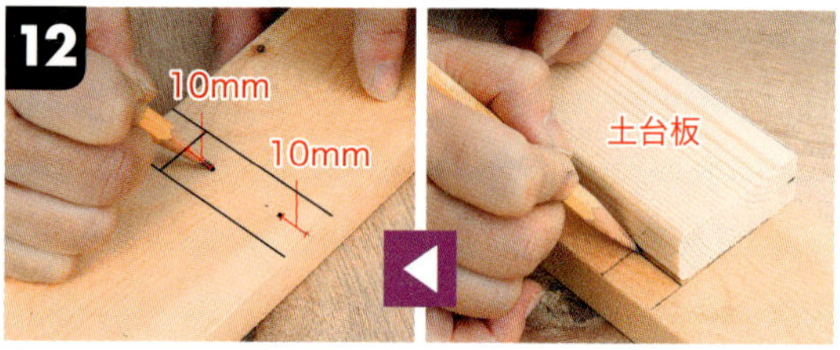

11にネジ穴の印を付ける

11で引いた線に土台板を重ね合わせ、写真のように長辺板に線を引く。さらに、鉛筆で2か所、ネジ穴の印を付ける。

12を5枚つくる

12を他5枚も同様に行う。

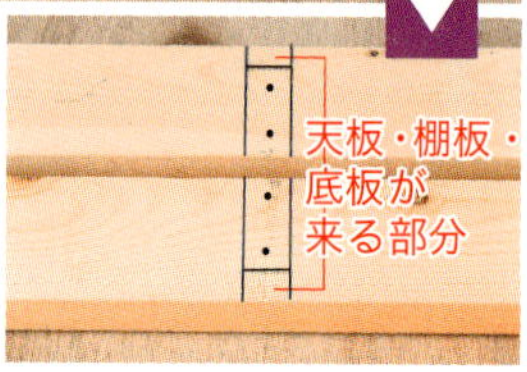

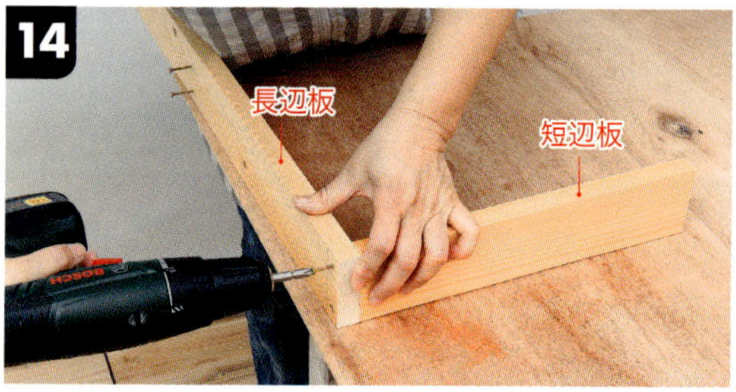

長辺板と短辺板を固定する

13のネジ穴にドリルビットで下穴を開け、長辺板全ての下穴に細ネジを仮止めする。5の土台板と短辺板を下にして短辺板が外側になるように合わせ、仮止めしていた細ネジで固定する。

長辺板の中央に土台板を固定する

長辺板の中央に土台板を合わせ、細ネジを固定する。残りの端に[14]と同様に[5]の板を当てて固定する。同様にして長辺板をもう1枚組み合わせ、細ネジを短辺板、中心の土台板に固定し、枠をつくる。

底板に線を引く

底板の上に短辺板、土台板が接するように[15]の枠を乗せ、土台板の位置全てに線を引く。

底板にネジ穴の印を付ける

[16]で板幅の線を引いたところに、両端から15mm、中央（150mm）の3か所にネジ穴の印を付ける。左、中、右それぞれに印を付ける。

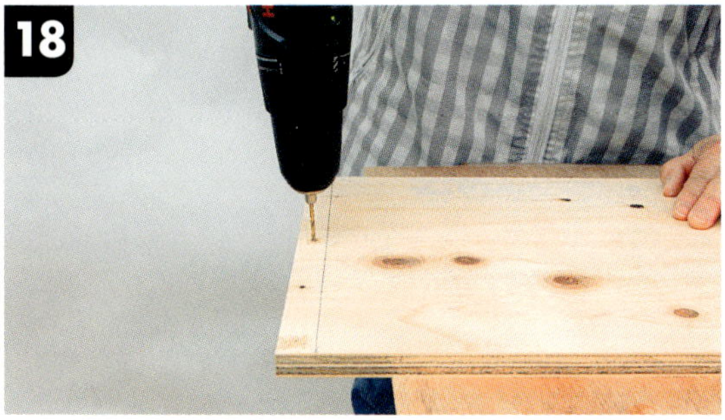

底板に下穴を開ける

[17]で付けたネジ穴の印にドリルビットで下穴を開けて、細ネジを仮止めする。

枠に底板を固定する

枠の短辺板と土台板の段差に底板をはめ、四隅のネジを対角線に順番で固定してから全てのネジを固定する。

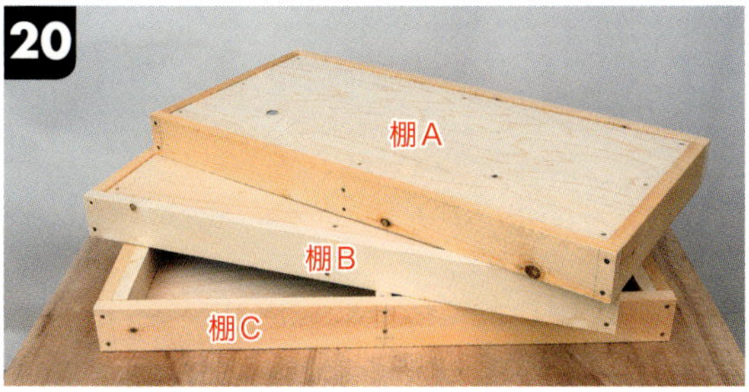

棚を3組つくる

[14]～[20]と同様に、棚を2組（計3組）つくる。

← 次ページにつづく

脚板に棚Aと棚Cの線を引く

脚板の上部に棚Aをあて、板幅の線を引く。板幅の線の中で、サシガネで端から30mm×20mmのところを測り、ネジ穴の印を付ける。もう1枚の脚板も同様に行う。また、棚Cも同様に板の端から印を付ける。

棚Bを設置する位置に印を付ける

メジャーで脚板の上部から420mmを測り、棚Bを設置する位置に印を付ける（棚Bの高さは置くものによって自由に変えてよい）。側面にも印を付けておくと後の作業がやりやすい。

棚Bを設置する位置に線を引く

22の印から垂直にサシガネで線を引く。

中棚を設置するネジ印を付ける

23で引いた線からサシガネで30mm×20mmのところを測り、上下2か所にネジ穴の印を付ける。

脚板3枚に棚Bを設置する印を付ける

22〜24を参考に、残りの3枚の脚板に棚Bを設置する線とネジ穴の印を付ける。全てのネジ穴の印にドリルビットで下穴を開ける。

脚板と棚を固定する①

棚A、棚B、棚Cを立て、脚板をその上に当てる。25の下穴に細ネジで仮止めし、棚Aから固定する。

脚板と棚を固定する②

棚Cと脚板の底面を合わせ、仮止めしていた細ネジを固定する。

脚板と棚を固定する③

棚Cを止めたら、22で付けた印の位置に棚Bを合わせ、仮止めしていた細ネジを固定する。反対の脚板も同様に棚A、棚C、棚Bの順に固定する。

もう2枚の脚板を固定する

28を裏返し、26～28を参考にもう2枚の脚板を固定する。

ラックが完成

ラックを全て組み立てたところ。

角を面取りする

全ての棚を固定し終えたら、サンドペーパーで全ての角を面取りする。

表面を整える

全体をサンドペーパーで整えて塗料の密着をよくする。仕上げは目に沿ってかけるのがポイント。

ワトコオイルを塗る

ビニール手袋をし、スポンジにワトコオイルを染み込ませる。

全体を塗装する

塗装するときは、木目に沿ってスポンジで伸ばすように塗る。

脚板の角を塗る

脚板の角は軽く叩くように塗る。塗料が染みこみやすいので、色が濃くなる場合があるので注意。同様にして全体にワトコオイルを塗る。最後に、古布で余分な塗料を拭き取る。

FINISH!

完成！

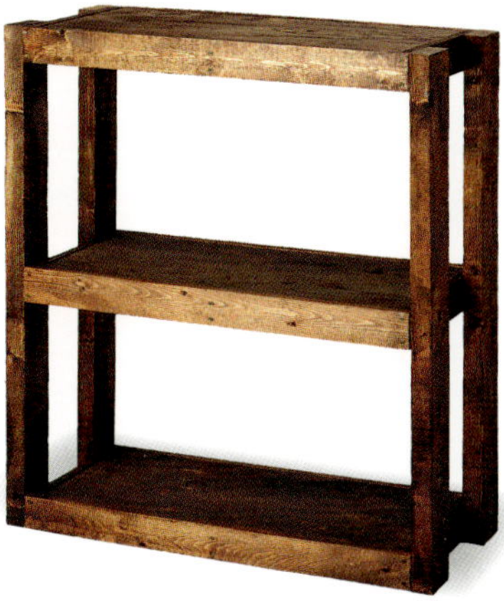

キッチン

食器棚

箱をベースにつくるナチュラルテイストな食器棚。脚板だけホワイトに塗装することで、可愛らしいデザインに。

所要時間 3時間
※塗料の乾燥時間は含まず

予算 3,840円
※塗料は含まず

道具

- □ 鉛筆
- □ 電動ドリルドライバー
- □ ドリルビット(2.5mm)
- □ 木工用接着剤
- □ ヘラ　□ サシガネ
- □ マスキングテープ
- □ ビニールシート　□ ハケ

材料

- □ 1×10材(長さ1820mm)×2枚
- □ 1×4材(長さ1820mm、910mm)×各1枚
- □ 細ネジ(長さ35mm)×64本
- □ 水性ニス
- □ 水性ペイント(白)

組立て図

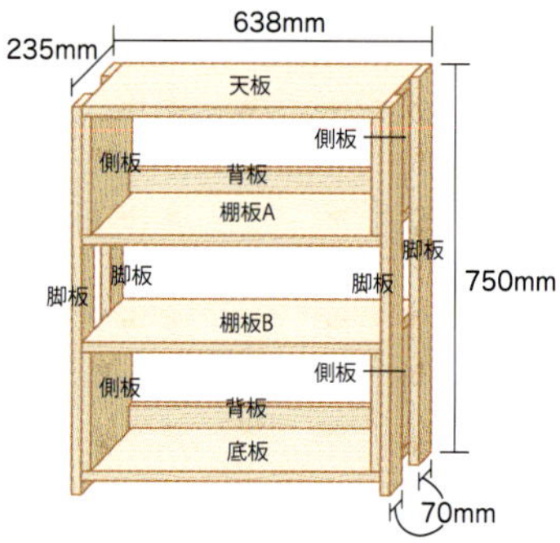

木取り図

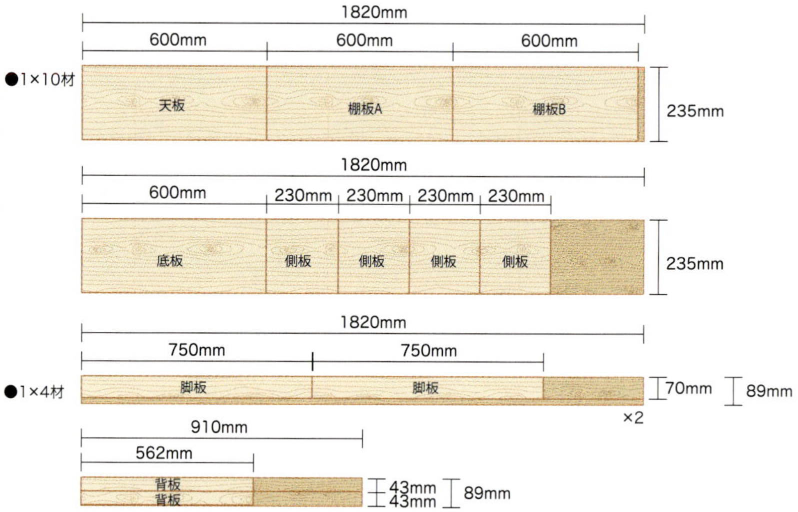

1

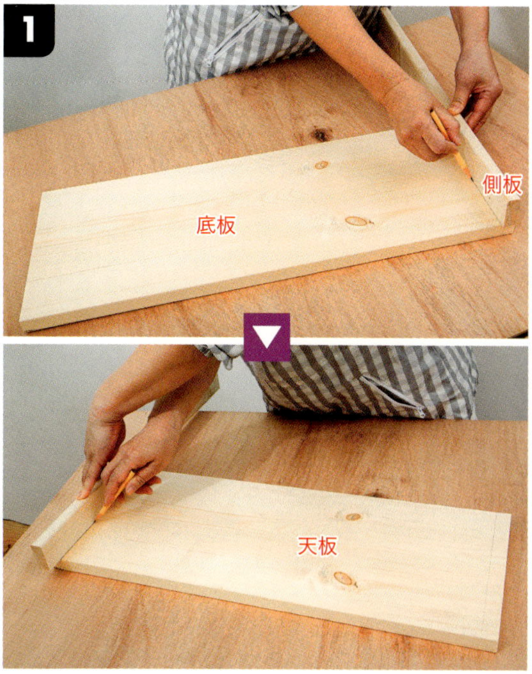

底板、天板、棚板に側板の線を引く

底板の両辺に側板の板厚分の線を鉛筆で引く。天板、棚板も同様に線を引く。

2

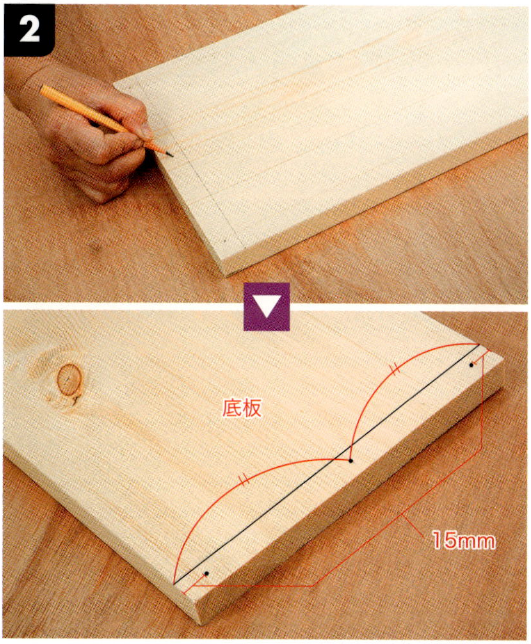

ネジ穴の印を付ける

1の底板の両端から15mmのところ、中央（117.5mm）の3か所に鉛筆でネジ穴の印を付ける。反対側も同様に3か所印を付ける。天板、棚板も同様に行う。

3

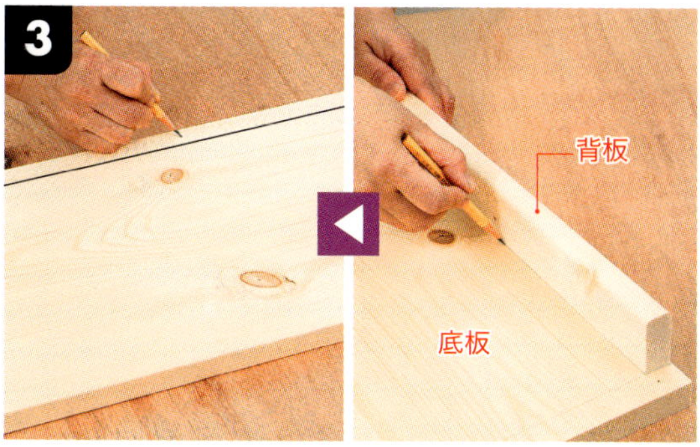

棚板A、底板に背板の印を付ける

底板と棚板Aの片辺に背板の板厚分の線を鉛筆で引く。背板の中心上で側板の印の両端から200mmのところに2か所鉛筆でネジ穴の印を付ける。

4

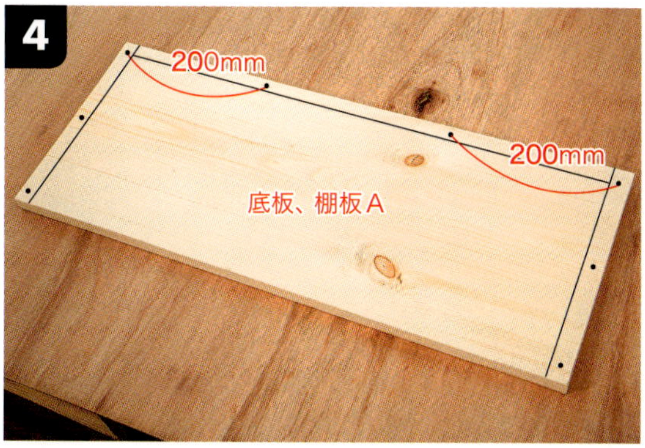

底板、棚板、天板にネジ穴を付ける

底板と棚板Aには側板、背板の印が8か所、天板と棚板Bには側板の印が6か所付いた状態にする。

5

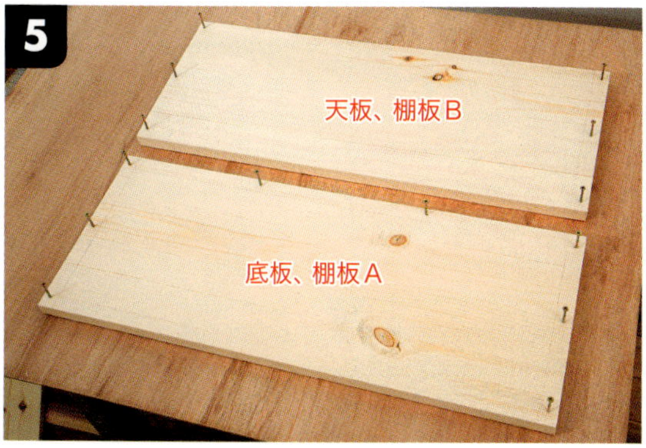

細ネジを仮止めする

底板、天板、棚板のネジ穴の印にドリルビットで下穴を開け、細ネジを仮止めする。

← 次ページにつづく

側板に木工用接着剤を塗る

側板の木口（片側）に木工用接着剤（以下接着剤）を塗り、ヘラで全体に伸ばす。

底板と側板を固定する

側板を立ててその上に底板を乗せ、5で仮止めしていた細ネジを固定する。このとき、反対側の側板を支え板代わりに使うとネジを締めやすい。片方の側板を固定したら、もう片方の側板も同様に固定する。

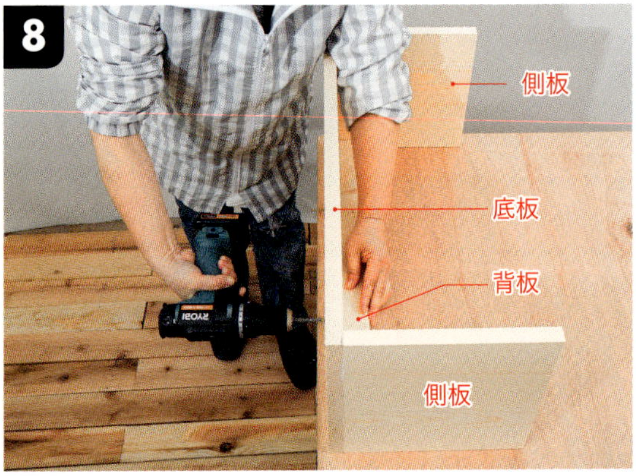

背板を固定する

7を横に倒して背板を当て、5で仮止めしていた細ネジで背板を固定する。

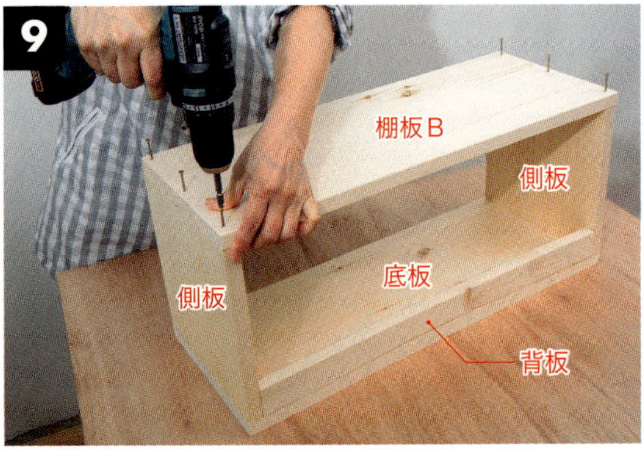

棚板Bを固定する

8を底板が下になるように置いて棚板Bを乗せ、仮止めしていた細ネジで固定する。

側板に背板の印を付ける

両方の側板に鉛筆で背板の印を付け、中央に1か所ネジ穴の印を付ける。

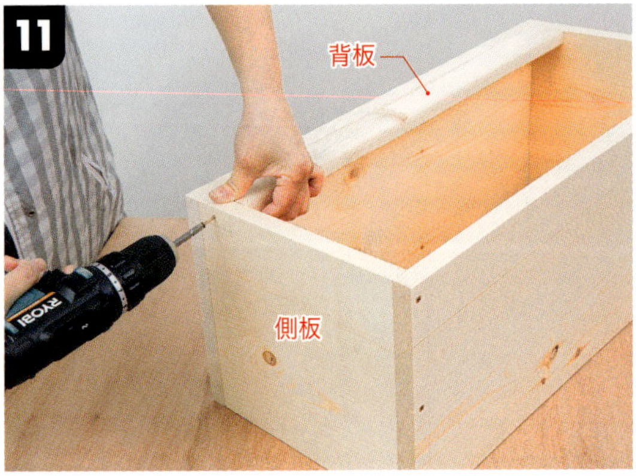

側板と背板を固定する

10にドリルビットで下穴を開け、細ネジで固定する。

12

箱をもう１個つくる

11までと同様に、天板と棚板A、側板を使ってもう1箱つくる。

13

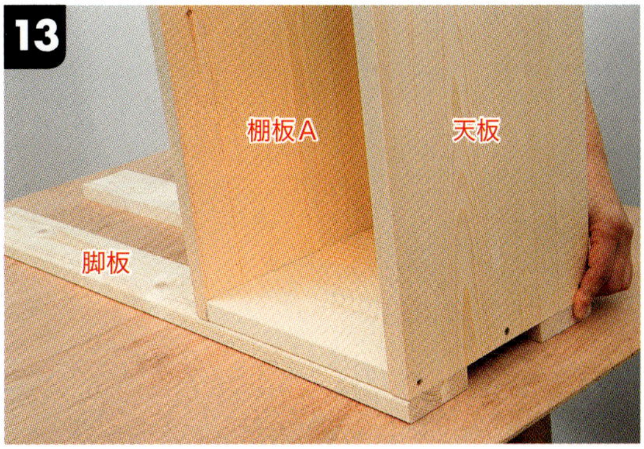

脚板と箱を合わせる

脚板を2本用意し、その上に12の箱を置いて角を合わせる。このとき、背板が下にくるように配置する。

14

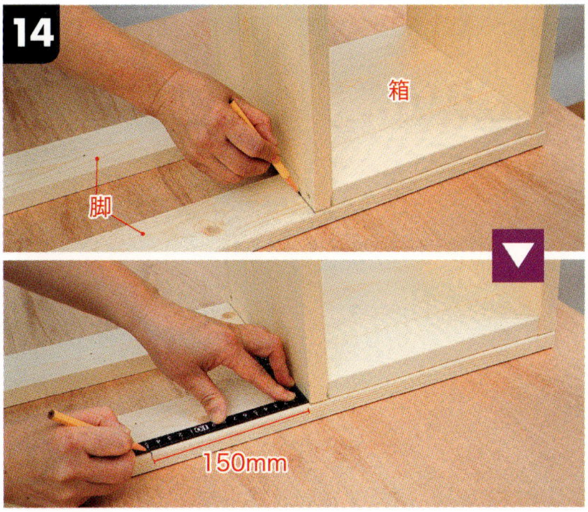

脚板に印を付ける

両方の脚板に箱の底辺の位置の線を引く。その線からサシガネで150mm測り、鉛筆で印を付ける。

15

サシガネで平行線を引く

14で付けた印にサシガネを合わせ、鉛筆で平行に線を引く。

16

もう１個の箱の位置に線を引く

15の線にもう1個の箱の上辺を合わせ、底辺の位置に鉛筆で線を引く。このとき、箱は背板が下にくるように配置する。

17

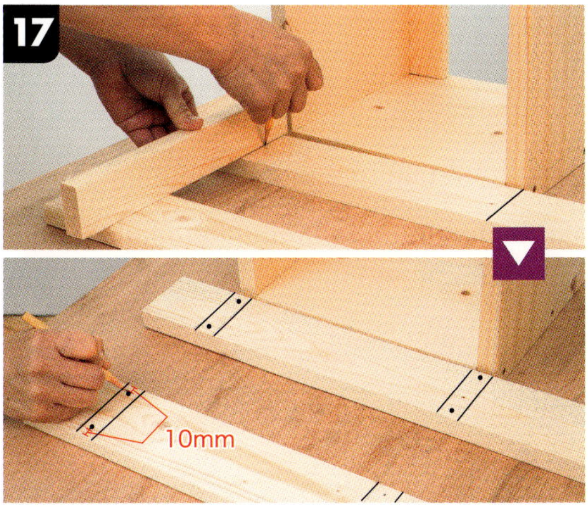

箱の板厚の印を付ける

14 16で引いた線に箱の底板と同じ厚さになるように、板厚の線を引く。箱の上辺も同様に線を引く。線を引いたところにそれぞれ2か所ずつ端から10mmのところに鉛筆でネジ穴の印を付ける。

次ページにつづく

全ての脚板に印を付ける

もう片方の脚板も17と同様に板厚の線を引き、ネジ穴の印を付ける。

箱に脚板の線を引く

18にドリルビットで下穴を開け、細ネジで仮止めをする。箱を2個並べ、その上に脚板を2本置いて箱に脚板の幅線を引く。

箱に接着剤を塗る

箱と脚板を合わせる部分に接着剤を塗ってヘラで伸ばす。

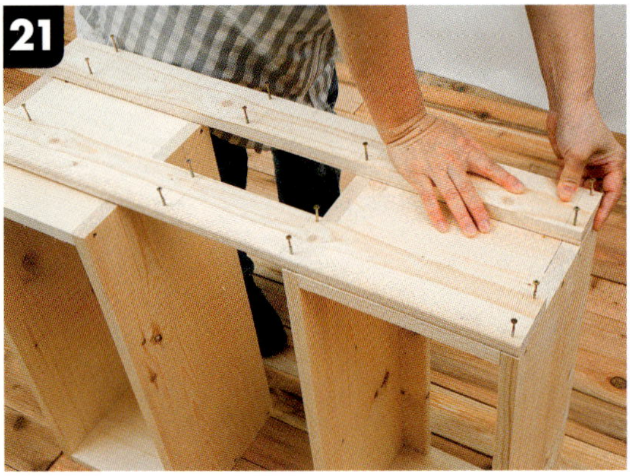

箱と脚板を接着する

上の箱の線に合わせて脚板を乗せ、接着剤を塗った部分にしっかりと接着する。下の箱も同様に接着剤で接着する。

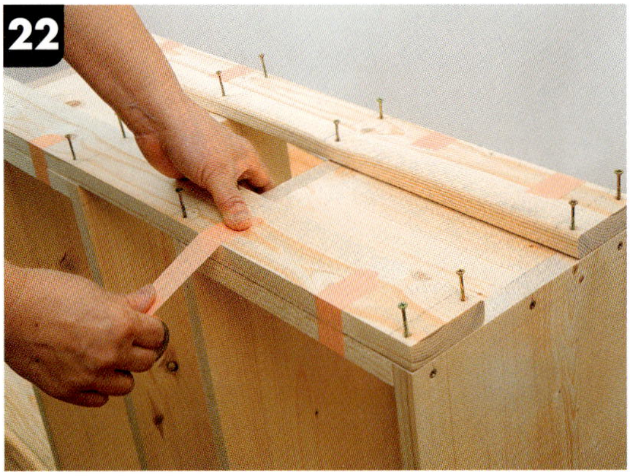

箱と脚板をマスキングテープで止める

脚板と上下の箱がずれないように、マスキングテープで仮止めする。

上の箱と脚板を固定する

脚板の角に仮止めしていた細ネジで上の箱の角を固定する。

上の箱ともう片方の脚板を固定する

23のもう片方の脚板の角に仮止めしていた細ネジで上の箱の反対側の角を固定する。

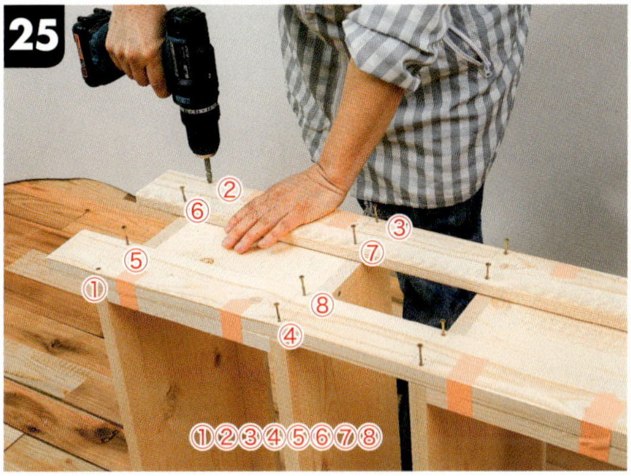

下の箱と脚板を固定する

下の箱を固定する。まず四隅を固定してから内側を固定していく。その他の仮止めしていた細ネジも全て固定する。

塗装前の状態が完成

反対側の脚板2本も同様に上下の箱と固定し、塗装前の状態が完成。

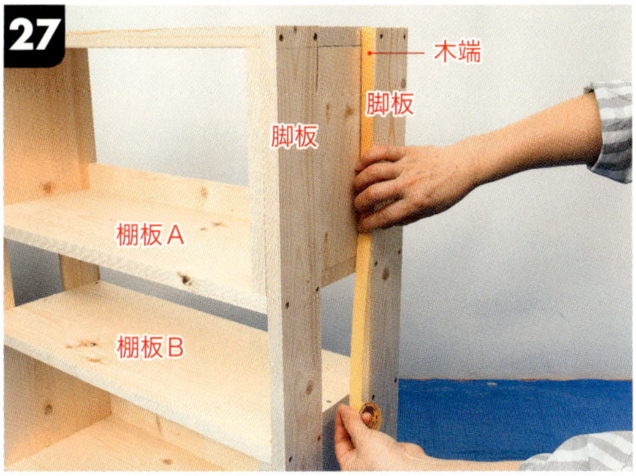

脚にマスキングテープを貼る

箱と脚板を異なる色で塗装するため塗料がはみ出ないように、全ての脚板の木端、脚板の棚板と接する部分にマスキングテープを貼る。

箱の背板を水性ニスで塗る

ハケに水性ニスを染み込ませ、木目に沿って箱の背板を塗っていく。

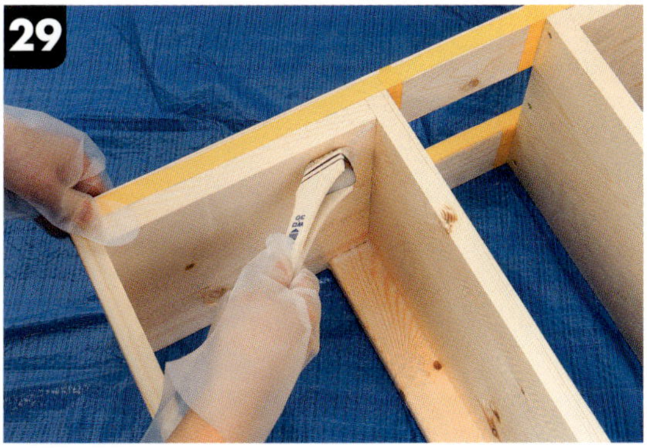

箱の内側を塗る

水性ニスで箱の側面、底面など内側を塗る。もう1個の箱も同じ手順で塗っていく。

← 次ページにつづく

30

箱の外側を塗る

同じ塗料で箱の外側を塗る。塗り終わったら脚板のマスキングテープをはがし、30分〜1時間乾かす。

31

水性ペイントで脚板を塗る

箱に水性ペイントが付かないよう、脚板と接する部分全てにマスキングテープを貼り、脚板にハケで水性ペイントを塗る。

32

脚板の中部を塗る

同じ塗料で脚板の中部を塗る。

33

脚板の側面を塗る

マスキングテープからはみ出ないように注意しながら、同じ塗料で脚板の側面を塗る。

34

脚板全体を塗って乾かす

同じ塗料で脚板全体を塗る。塗り終わったらマスキングテープをはがし、乾燥させる。

FINISH!

完成！

こんなとき どうしたらいいの？

Do It Yourself Q&A

Q どんな場所で作業するのがおすすめ？

A 散らかっている机の上や、足元に物が散らかっているなどの、不安定な場所での作業は避けるようにしましょう。材料や作業姿勢が不安定な場所はケガの原因になります。電動工具を使うときは注意を払って作業をし、ノコギリやカッターなどの手工具を使う際は、刃物の前には絶対に手を置かないようにしてください。少しだけならと油断をせず、どんなときも安全第一を心がけましょう。

Q ネジ穴位置を間違えたときは？

A 小さな穴であれば、ツマヨウジで埋め木をすることができます。また、木工用パテを使用して　埋めて目立たなくすることができます。乾燥に時間がかかりますが、乾燥後、上から塗料を塗ることができます。

Q 作業中に家具や壁を傷つけてしまった場合は？

A 小さな傷であれば、木部補修材や壁紙補修材を使って補修できます。また、自作の家具であればサンディングと塗装での補修が可能です。また、　家具の脚には傷防止のフェルト、家具移動の際には引きずらないための家具移動用グッズなどもあります。

Q 工具を持っていない場合はどうしたらいい？

A 電動工具は高価なものが多いので、ホームセンターの貸し出しサービスを活用しましょう。数百円で貸出ししてくれるところがほとんどなので、一度しか使わない道具を用いるときや、購入前に試しておきたい場合におすすめです。

Q 木材の買い方で気を付ける点は？

A 木材は反ったりねじれていると加工が大変です。そのためできるだけまっすぐなものを選びましょう。木口側から木材全体を見ると、反りやねじれが確認できます。また、ヤニが出てベタベタするものや、大きな死節（穴が開いてしまっているもの）があるものは避けるようにしましょう。

Q どんな木材を選べばいいのか分からないときは？

A ホームセンターには必ず詳しい店員さんがいます。なかにはDIYアドバイザーの資格を所有している人もいるので、分からないところがあれば気軽に相談してみましょう。その際は、予算やつくるものを伝えれば、より具体的なアドバイスが得られます。

デスクキャビネット

文房具や書類を収納するデスク用キャビネットも DIY で。上級編ですが、完成したらお気に入りの家具になること間違いなし。

所要時間 4時間30分
※塗料の乾燥時間は含まず

予算 8,400円
※塗料は含まず

道具

- □ 鉛筆
- □ 電動ドリルドライバー
- □ ドリルビット (2.5mm)
- □ クランプ
- □ 木工用接着剤
- □ 古布　□ サシガネ
- □ マスキングテープ
- □ サンドペーパー (#180、#240)
- □ ヘラ　□ キリ　□ ハケ
- □ ビニールシート
- □ ビニール手袋
- □ 毛筆

材料

- □ ラワン15mm厚 (幅450mm×長さ850mm) × 2枚
- □ ラワン15mm厚 (幅450mm×長さ600mm) ×1枚
- □ ベニヤ2.5mm厚 (幅300mm×長さ540mm) ×1枚
- □ 杉板9mm厚 (幅40mm×長さ1820mm) × 1枚
- □ 杉板12mm厚 (幅140mm×長さ1820mm) × 1枚
- □ 桐13mm厚 (幅250mm×長さ1820mm、910mm) ×各1枚
- □ 桐13mm厚 (幅100mm×長さ1820mm) × 1枚
- □ 1× 4材 (長さ1820mm) × 1枚　□ 1× 6材 (長さ450mm) × 1枚
- □ タッピングトラスネジ (長さ38mm) ×16枚
- □ 細ネジ (長さ25mm) ×80本、(長さ35mm) ×26本
- □ キャスター × 4個　□ ウッドパテ　□ 取っ手 × 3個
- □ 水性ステイン　□ 塗料 (黒)

キャビネット本体

組立て図

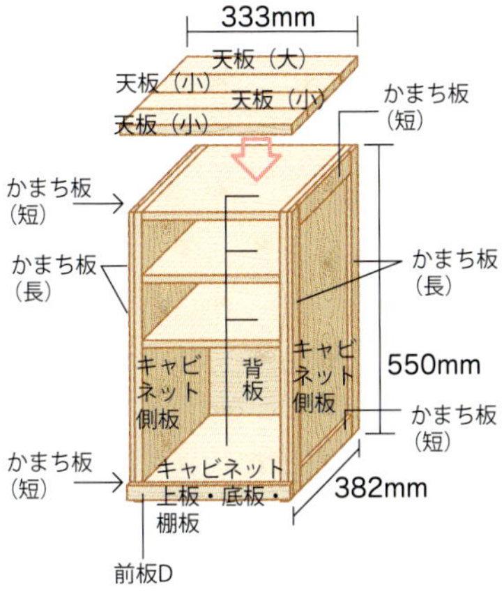

キャビネット本体 木取り図

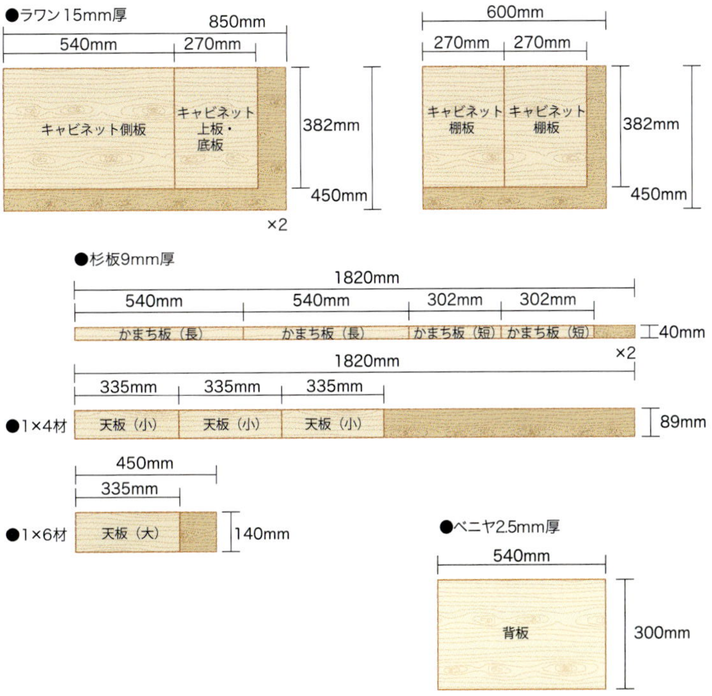

キャビネット引き出し

組立て図

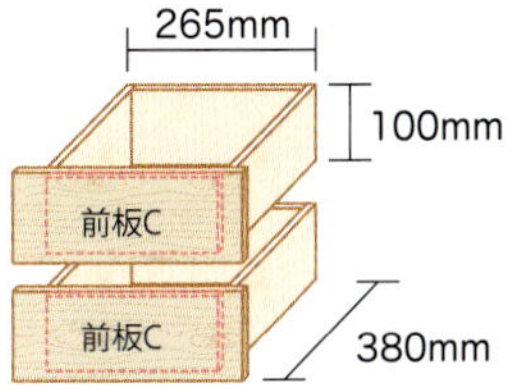

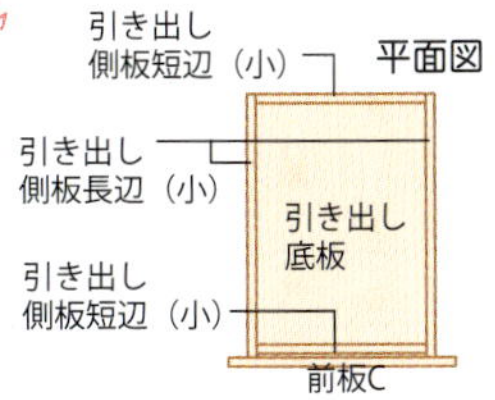

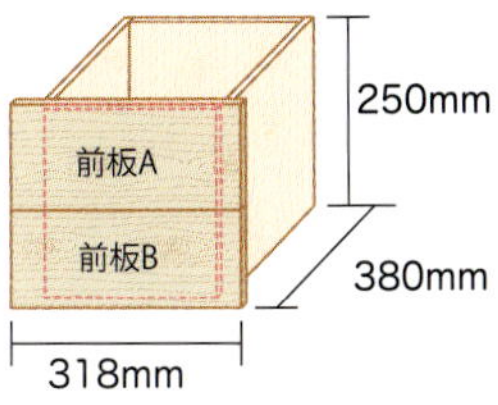

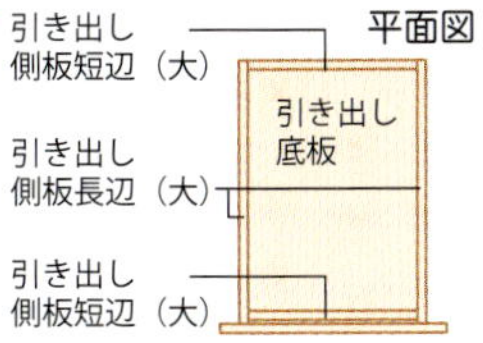

キャビネット引き出し 木取り図

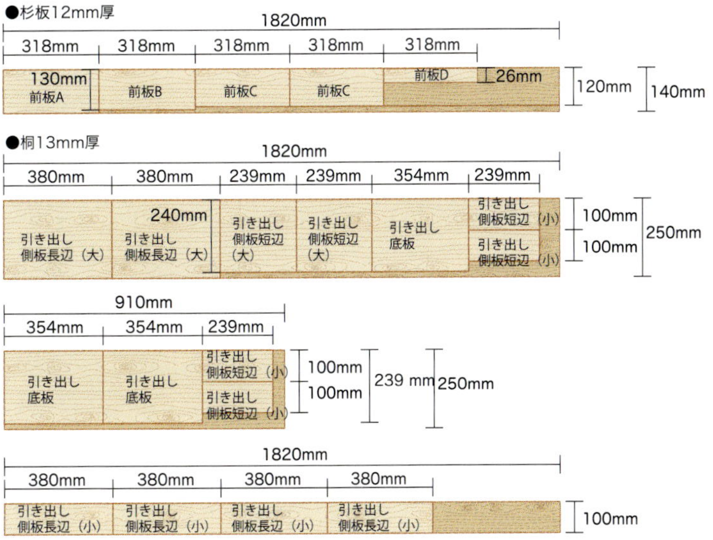

← 次ページにつづく

1段目の引き出しの各材料に印を付ける

側板4枚と底板を組み合わせ、鉛筆で側板に底板の印を付ける。

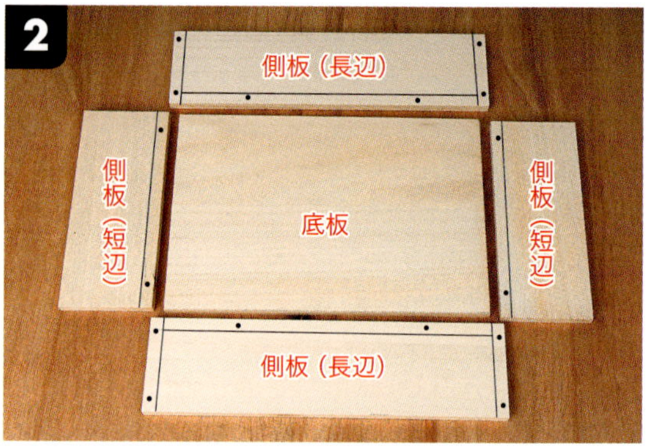

1にネジ穴の印を付ける

短辺の側板には底板部分の両端から30mmのところにネジ穴の印を2か所付ける。長辺の側板には、短辺の側板と重なる部分にも線を引き、それぞれの辺に両端から20mmのところにネジ穴の印を2か所付ける。

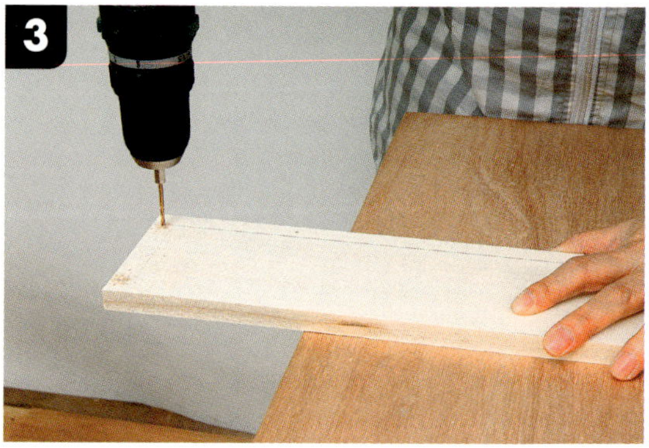

ネジ穴の印に下穴を開ける

2で側板に付けた全てのネジ穴の印にドリルビットで下穴を開ける。下穴を開けたら細ネジを仮止めする。

側板と底板を固定する

底板に木工用接着剤（以下接着剤）を塗って、側板を組み合わせ、側板に仮止めしていた細ネジで、短辺と長辺の側板を固定する。その後、長辺の側板と底板を細ネジで固定する。

反対側の短辺の側板も固定する

反対側の短辺の側板も、長辺の側板に仮止めしていた細ネジで固定する。

反対側の長辺の側板も固定する

反対側の長辺の側板も、仮止めしていた細ネジで固定する。

短辺の側板と底板を固定する

最後に短辺側の底板を側板の下穴から細ネジで固定する。反対側も同様に行う。

1・2段目の引き出しが完成

引き出しの箱部分が完成。同様にこの引き出しをもう1個つくる。

3段目の引き出しの材料に印を付ける

側板、底板を組み合わせ、鉛筆で側板に底板の印を付ける。

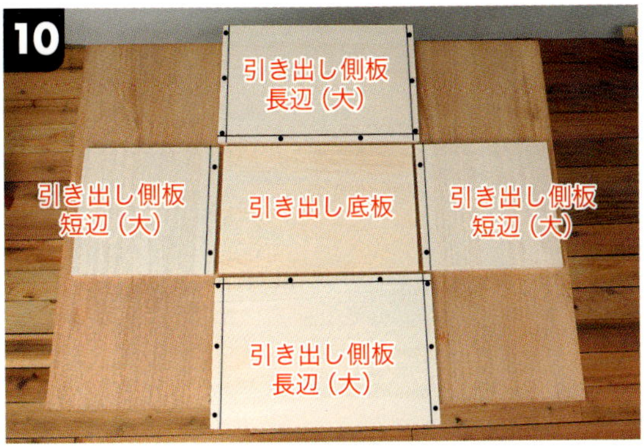

9にネジ穴の印を付ける

短辺の側板には底板部分の両端から20mmのところにネジ穴の印を2か所付ける。長辺の側板には、短辺の側板と重なる部分にも線を引き、長辺は2か所、短辺は3か所ずつネジ穴の印を付ける。

ネジ穴の印に下穴を開ける

側板に付けた全てのネジ穴の印にドリルビットで下穴を開ける。下穴を開けたら細ネジを仮止めする。

側板と底板を固定する

4〜7の工程と同様の順番で、側板に仮止めしていた細ネジで角から固定していく。

← 次ページにつづく

3段目の引き出しが完成

全てのネジを止めて側板と底板が固定できたら3段目の引き出しが完成。

キャビネットの外枠をつくる

キャビネットの上板と側板を合わせ、側板に上板の位置の線を引く。

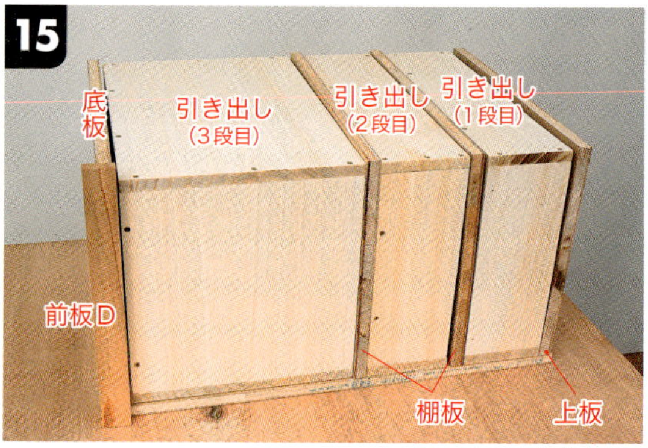

棚板、底板、引き出しを仮組みする

14に棚板、底板、引き出しも仮組みして寸法を確認する。1段目と2段目は引き出しがスムーズに開くように、引き出しと棚板の間を5mmほどずらして印を付ける。

棚板の線を引く

3段目の引き出しを一度外し、側板に棚板の板厚の線を引く。その後、2段目、1段目の引き出しも外して棚板の線を引く。

反対側の側板に棚板の印を付ける

16に反対側の側板を並べて揃える。16で棚板の線を引いたところを合わせ、反対側の側板に印を付ける。

17の側板に板厚の線を引く

17で付けた印に棚板を合わせ、板厚の線を引く。一方の側板の線を反対側の側板に伸ばして平行に線を引く。

側板に下穴を開ける

側板の板厚に引いた線の中心に、両端から20mm、中央の3か所にネジ穴の印を付ける（計12か所）。ネジ穴にドリルビットで下穴を開け、長さ35mmの細ネジを仮止めする。側板に付けた全ての印に対して同様に行う。

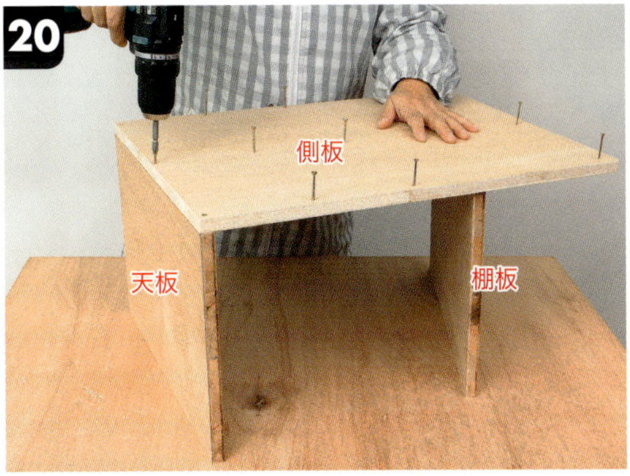

側板と天板、底板を固定する

天板に木工用接着剤（以下接着剤）を塗って、その上に側板をあてて仮止めしていた細ネジで固定し、底板も同様に仮止めしていた細ネジで側板と底板を固定する。このとき、棚板を支え板代わりにすると細ネジが止めやすい。

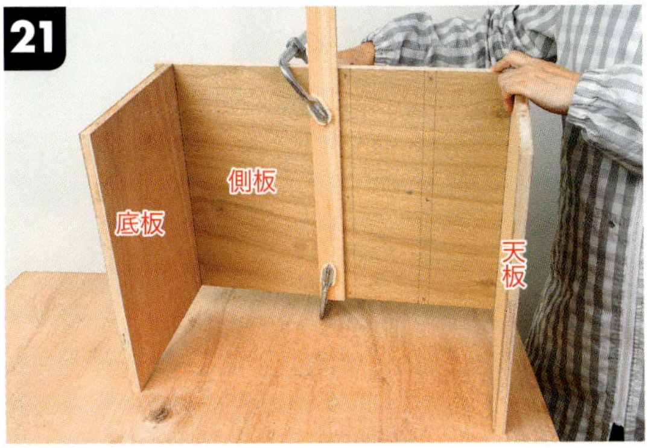

添え板をクランプで固定する

棚板の位置がずれないように、線に添え板（材料外）を合わせてクランプで固定する。

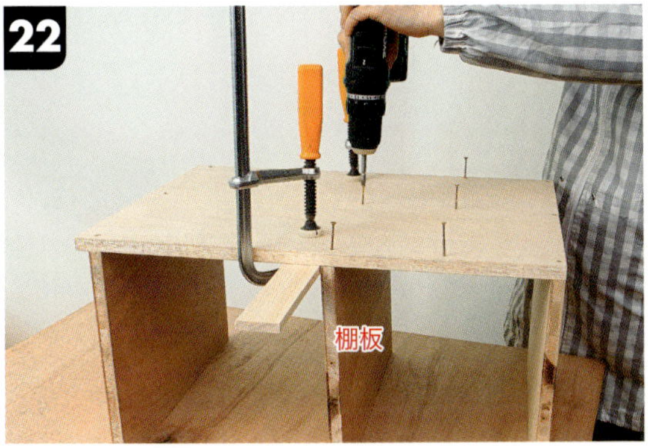

側板と棚板を固定する

添え板に棚板を合わせ、側板に仮止めしていた細ネジで固定する。もう1枚の棚板も同様に固定する。

反対側の側板を固定する

22に反対側の側板を固定する。21と同様に反対側の側板に引いた棚板の線に添え板を合わせてクランプで固定し、棚板の位置を合わせて細ネジで固定する。

← 次ページにつづく

キャビネットの外枠が完成

各板のズレがないか、引き出しを入れて確認し、問題がなければキャビネットの外枠が完成。

前板に引き出しの線を引く

前板Cの両端から25mmのところに、サシガネで線を引く。

前板に引き出しを合わせる

25で引いた線に合わせて引き出しを置く。

前板の下辺から3mmあける

サシガネで前板Cの下辺から3mmの位置を測り、そこに引き出しの位置を合わせて前板Cに引き出しの上辺・下辺の線を引く。

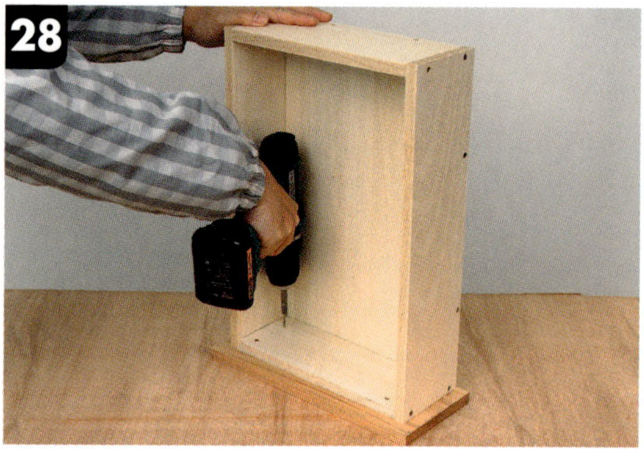

引き出しの内側からネジを打ち込む

27で結んだ前板の線の内側に接着剤を塗り、引き出しと合わせる。引き出しをおさえながら、内側の端から各20mmのところ4か所にネジ穴の印を付け、細ネジを固定する。

前板の固定が完了

1段目の引き出しと前板Cの固定が完了。2段目の引き出しも同様にして前板Cを固定する。

3段目の引き出しの前板をつくる

前板用の杉板を2枚合わせ、接着剤ですり合わせるように接着する。

接着剤を拭き取る

はみ出た接着剤は濡れた古布で拭き取る。平らなところに置き、30分ほど乾燥させる。接着後、サンドペーパーでなめらかにする。

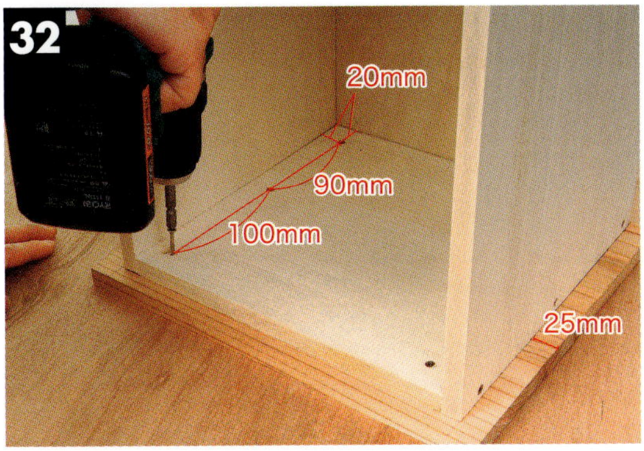

3段目の引き出しに前板を固定する

31の前板に両端から25mm、下から3mmの位置に線を引き、そこに3段目の引き出しを合わせる。引き出し内側の端から20mmのところ6か所に細ネジを固定する。

前板に取っ手の位置の印を付ける

1・2段目の引き出しの前板に、取っ手が中央にくるようにサシガネで両端から60mm×95mmの位置を測る（取っ手のサイズによって位置は変わる）。

前板に取っ手を固定する

取っ手の穴に付属のネジを打ち込み、前板に取っ手を固定する。

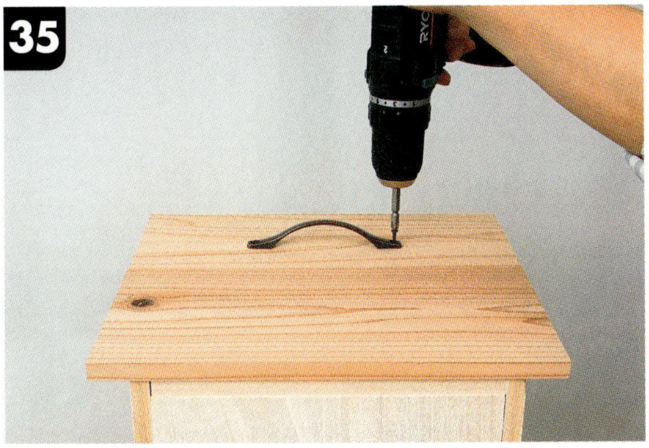

3段目の引き出しの前板に取っ手を固定する

3段目の引き出しの取っ手は、一度外枠に引き出しをはめ込み、デスクのイスに座ってみて自分が引きやすい高さに設置するとよい。3段目の引き出しの板は2枚貼り合わせているので、板のつなぎ目に取っ手を付けるのはNG。

← 次ページにつづく

背板に各板の板厚の中央線を引く

外枠に背板を合わせ、上板、底板、棚板、側板のそれぞれの板厚の中央に線を引く。

背板を固定する

背板の四隅から細ネジで固定する。縦は各棚の高さの中央、横は各棚の幅を3等分する位置に細ネジで固定する。

側板のかまち板に接着剤を塗る

側板のかまち板に接着剤を塗る。同じ長さの板ですり合わせると伸ばしやすい（かまち板同士を接着剤で接着させるわけではないので注意）。

側板にかまち板を接着する

側板に38のかまち板を長辺、短辺の順に接着する。

かまち板と側板をマスキングテープで固定

かまち板と側板にマスキングテープを貼って固定し、接着剤を乾かす。

前板をサンディングする

サンドペーパーで前板Dの角を軽くサンディングしておく。

足に前板を固定する

3段目の引き出しの前板に干渉しないように、脚に固定する前板をあてて位置を確認する。キャビネットの側板の板厚の中心にネジ穴の印を付けて、細ネジで固定する。

天板をつくる

天板4枚の側面両側に接着剤を塗り、それぞれをすり合わせて密着させるようにして接着する。はみ出た接着剤は濡らした古布で拭き取る。

上板に接着剤を塗る

上板全体に接着剤を塗り、ヘラで全体に広げる。

天板を上板に接着する

外枠のかまちから天板の両端が均一に5mmはみ出るくらいの位置に43の天板を接着する。

キャスターを設置する下穴を開ける

キャビネットを底板が上になるように置き、底面の四隅の端から5mmを目安にキャスターをあてる。車輪をくるっと回して側面にあたらないような位置に配置し、キリで下穴を開ける。

キャスターを固定する

タッピングトラスネジで、底板にキャスターを固定する。これを4つ行う。ネジは対角線に軽く入れ、最後に増し締めすると位置がずれにくい。

← 次ページにつづく

48

側面のネジにウッドパテを塗る

キャビネットの側板に棚板を固定した際のネジが目立たなくなるよう深く打ち込み、ウッドパテを塗る。

49

塗装前の状態が完成

キャビネットに引き出しをはめ込み、塗装前の状態が完成。

50

取っ手の付け根をマスキングする

床にビニールシートを敷く。取っ手に塗料がつかないよう、付け根にマスキングテープを巻く。

51

全ての取っ手の付け根をマスキングする

付け根の反対側もマスキングし、他の引き出しの取っ手も同様にマスキングする。

52

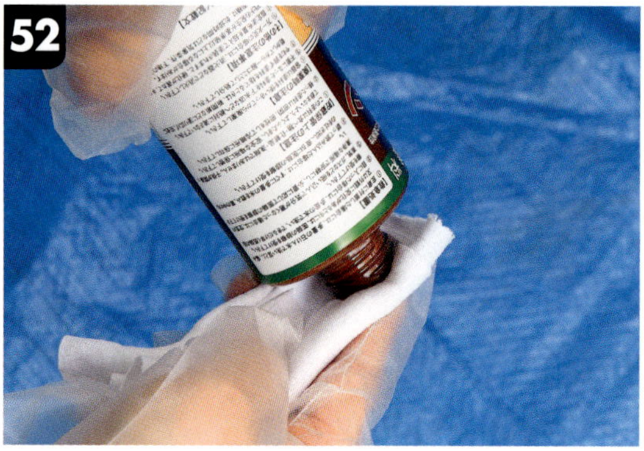

ステインを塗る

ビニール手袋をし、古布にステインを垂れない程度染み込ませる。塗っては染み込ませを繰り返す。

53

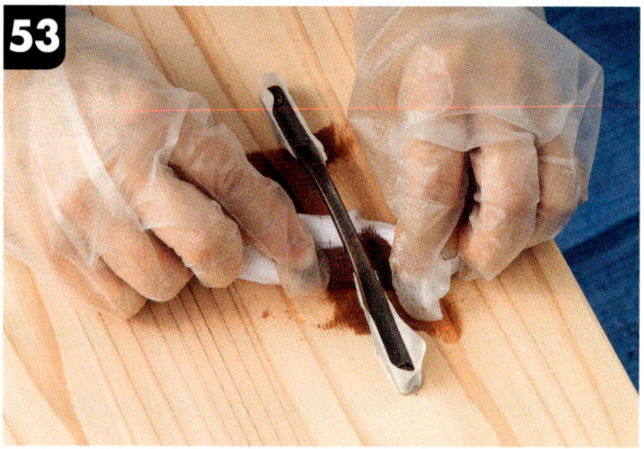

取っ手の下を塗る

塗りにくい取っ手の下から、古布が取っ手に触れないようにステインをていねいに塗る。

54 前板全体を塗る

木目に沿って前板全体にステインを塗る

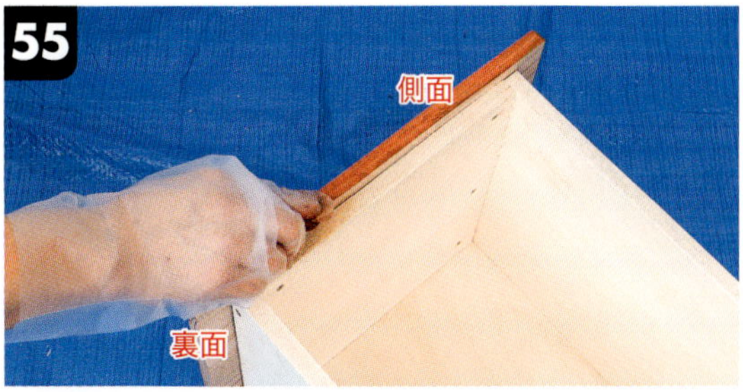

55 前板の側面や裏面を塗る

引き出しを立てながら前板の側面や裏面ももれなく塗る。塗料が染み込みにくいところは入念に。

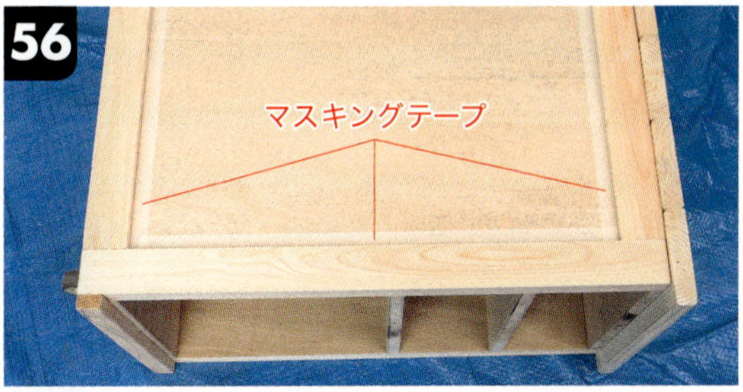

56 側面にマスキングテープを貼る

側面に違う色の塗料を塗るため、塗料が移らないように4辺の端にマスキングテープを貼る。

57 かまちの側面を塗る

4辺のかまちの側面から塗料を塗っていく。マスキングテープからはみ出さないように注意。

58 かまちの表面を塗る

次にかまちの表面全体、天板の側面を塗る。30分～1時間ほど乾燥させる。

59 かまちの側面をマスキングする

側板の4辺に貼っていたマスキングテープをはがし、かまちの側面にマスキングテープを貼る。側板の四隅から毛筆で塗料（黒）を塗る。30分～1時間ほど乾燥させる。

60 側板全体を塗る

ハケに塗料（黒）を含ませ、側板全体を塗る。

FINISH!

完成！

ハンガーラック

持ち運びも収納も手軽にできる折りたたみ式ハンガーラック。来客時など、ハンガーをかける場所が必要になった時に便利。

所要時間 3時間
※塗料の乾燥時間は含まず

予算 2,220円
※塗料は含まず

道具
□ 鉛筆 □ サシガネ □ クランプ
□ 電動ドリルドライバー（2.5mm、20mm） □ ドリルビット
□ 木工用接着剤
□ カナヅチ □ 古布 □ ノコギリ □ サンドペーパー（#180,240） □ ヘラ □ ハケ

材料
□ 1×3材（長さ1820mm）×1本
□ 1×4材（長さ1820mm、600mm）×各1本
□ 丸棒（ϕ20mm、1820mm）×1本
□ 埋木用丸棒（ϕ8mm、ϕ450mm）×1本
□ ベニヤ板4mm厚（縦450mm×横600mm）×1枚
□ 細ネジ（長さ35mm）×44本
□ ダボ錐（8mm） □ ミルクペイント（白、黄色）

組立て図

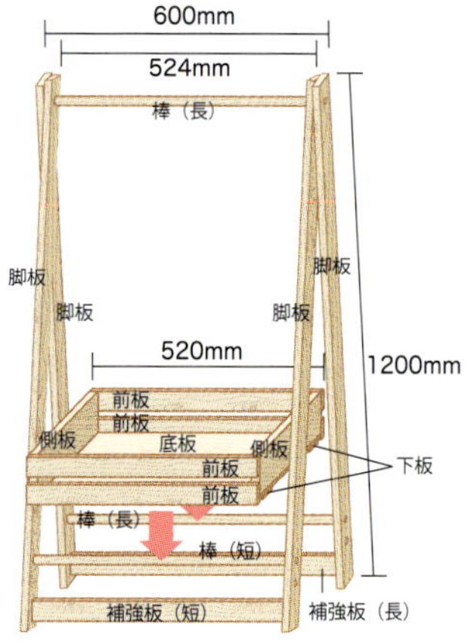

※1×3材や1×4枚の余った部分を添え板として使う

木取り図

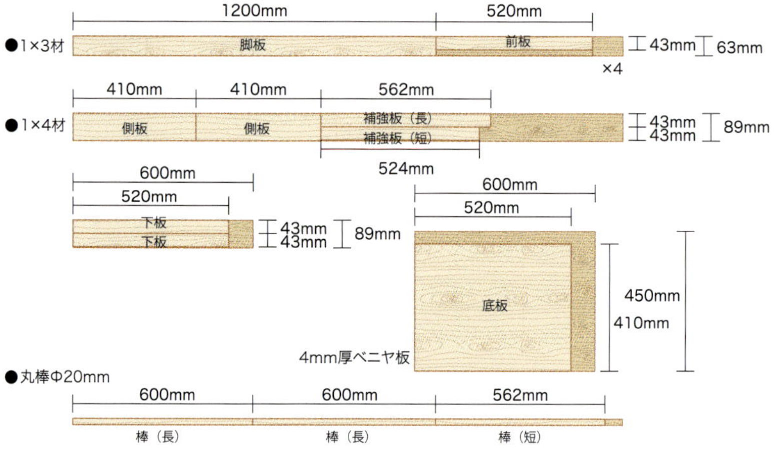

穴開け図

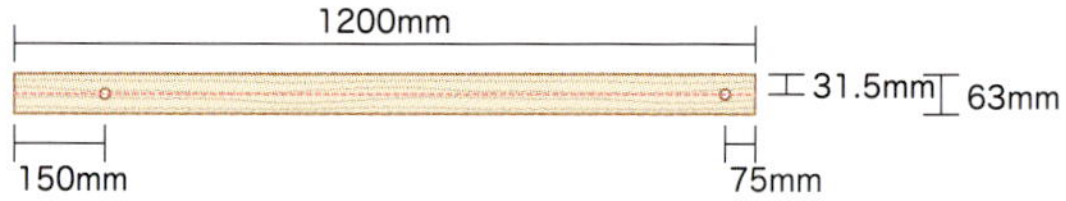

脚板に印を付ける

脚板の板幅の中心、端から75mm、反対側は端から150mmのところに鉛筆で丸棒の中心の印を付ける。

穴開けの準備

不要な板を置き、その上に脚板を置いてクランプで2か所を固定する。

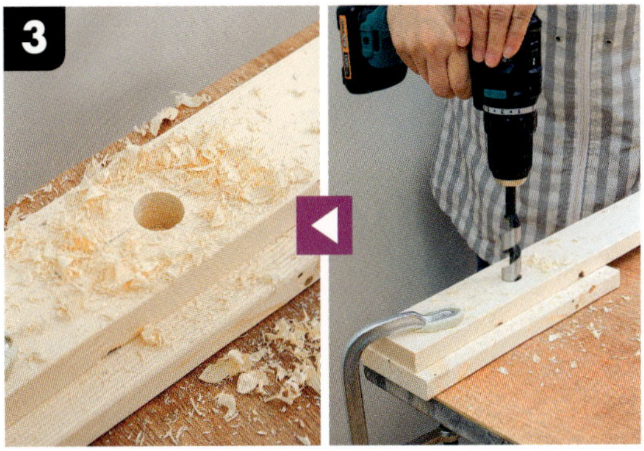

脚板に穴を開ける

1で付けた2か所の印にドリルビット（20mm）で穴を開ける。これを4本つくる。できるだけ垂直に穴を開ける。

箱の底板に線を引く

箱の底板の短辺2辺に側板をあて、鉛筆で底板に板厚の線を引く。

前板・下板の両端に側板の線を引く

前板・下板6枚を並べ、両端に側板をあてて板厚の線を引く。

前板に線を引く

前板2枚の両端に、サシガネで15mmのところに印を付け、同じく15mm平行に線を引く。15mmの正方形の角から逆側の端に対角線に線を引く。

← 次ページにつづく

前板に印を付ける

6の対角線が3等分になるよう2か所にネジ穴の印を付ける。これを2枚つくる。（下前板**A・B**とする）

残りの前板に印を付ける

残り2本の前板に端から15mmのところに線を引き、中心2か所にネジ穴の印を付ける。（上前板**A・B**とする）

埋木の準備

ネジの頭を目立たなくするため、埋木の準備をする。8の上下前板にダボ錐で深さ8mmの穴を開ける。各4か所、計16か所開ける。

下穴を開ける

9で開けた穴の中心にドリルビット（2.5mm）で下穴を開ける。各4か所、計16か所開ける。

下板に下穴を開ける

底の支え板となる2本の下板の端に側板をあて、板厚の線を引く。両端から10mmのところ2か所にドリルビット（2.5mm）で下穴を開ける。

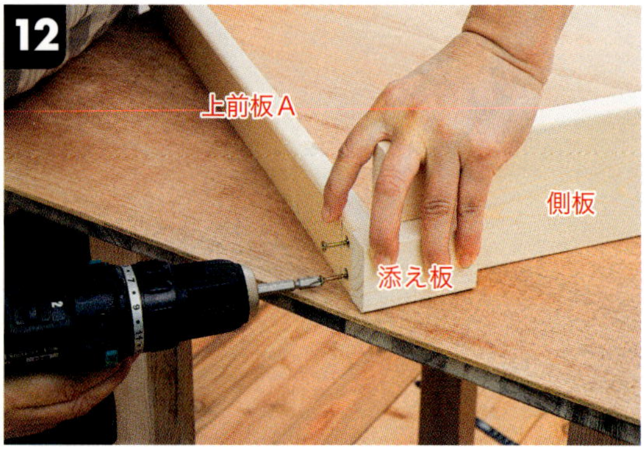

箱を組み立てる①

添え板を使いながら、側板と上前板**A**を合わせ、ダボ錐の穴の深さまで細ネジを固定する。

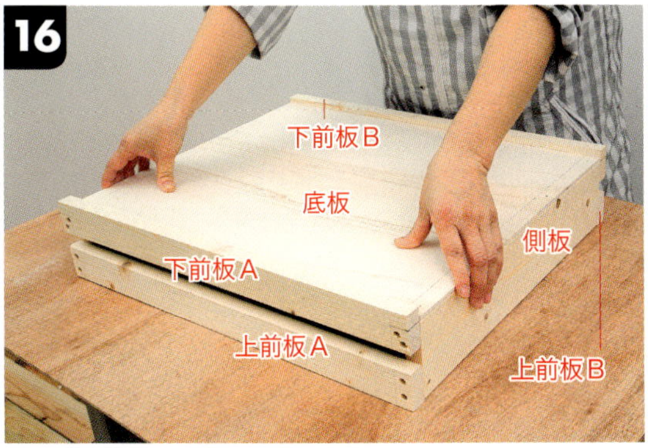

底板の取り付け①

下前板を上側にし、下前板で底板を挟むように仮組してサイズを確認する。もし入らない場合は、サンドペーパーやのこぎりで底板の幅を調整する。

底板の取り付け②

4で短辺側に引いた線の両端15mm、中央の3か所にネジ穴の印を付ける。ネジ穴にドリルビットで下穴を開ける。反対側も同様に行う。

底板の取り付け③

16の状態に底板を戻し、全ての下穴を細ネジで固定する。

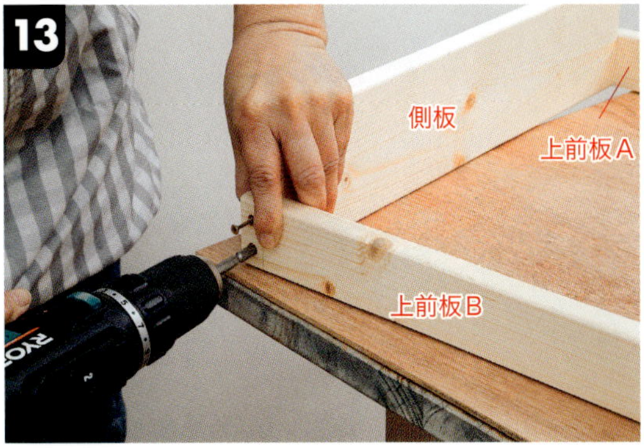

箱を組み立てる②

反対側の側板をあて、同様に細ネジで固定する。上前板Bも同様に固定する。

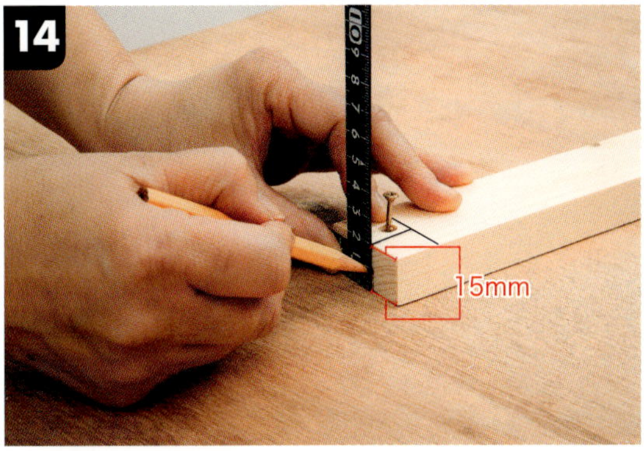

下前板を固定する①

下前板A・Bの6で引いた線に合わせ、下前板の木口に端から15mmの位置にサシガネで線を引く。反対側も同様に行う。

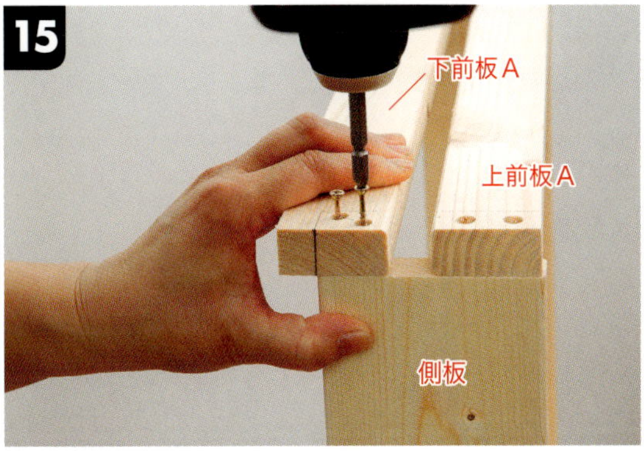

下前板を固定する②

14の線を側板の端に合わせ、下前板Aの下穴に細ネジで固定する。反対側も同様に固定する。

← 次ページにつづく

開き止めの固定

下前板のはみ出た部分に丸棒を置き、11の下板で軽く挟みながら、細ネジで下板を固定する。反対側も同様に行う。

埋木をする①

前板の全てのダボ穴に木工用接着剤（以下接着剤）を米粒大の大きさで入れる。

埋木をする②

ø8mmの丸棒が入りやすいように、角をカナヅチで軽く叩いて丸める。前板の穴に丸棒を差し込み、カナヅチで打ち込む。はみ出た接着剤は濡らした古布で拭き取る。

埋木をする③

丸棒のはみ出た部分はノコギリを前板に添わせながら切る。これを9で開けた前板のネジ穴16か所で同様に行う。ダボ切りノコを使うと作業しやすい。

サンディングする

22の部分を中心に全体をサンドペーパーでサンディングして滑らかにする。

箱部分が完成

ラックの下部に設置する箱部分の塗装前の状態が完成。

本体の組み立て①

3で開けた脚板の上部の穴に棒（長）を差し込んで、2つの脚を繋げる。棒はもう1本の脚板の板厚分はみ出すように入れておく。

本体の組み立て②

25で棒を通したところに、さらに左右もう1本ずつ脚板をはめる。

本体の組み立て③

内側の脚板の下部の穴に接着剤を塗り、指やヘラで穴全体に塗り込む。稼働する上部は接着しない。

本体の組み立て④

27で接着剤を塗った穴に短い棒（短）を脚の幅に合うまで差し込む。はみ出た接着剤は濡らした古布で拭き取る。

本体の組み立て⑤

もう一方の脚板の下部の穴に28と同様に接着剤を塗って棒（長）を差し込む。

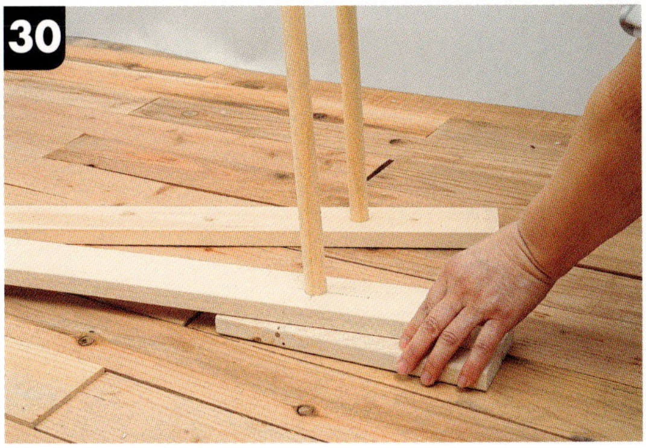

棒が入りにくい場合①

ラックを横にして立てて、安定させるために内側の脚板の下に板を添える。

← 次ページにつづく

棒が入りにくい場合②

丸棒をはめた部分に傷が付かないように不要な板を添え、カナヅチで叩いて脚板に棒を入れる。

脚板と棒の表面を平らにする

全ての脚板下部の棒で同様にカナヅチで叩き、脚板と棒の表面が凸凹にならないように平らになるまで丸棒を入れる。

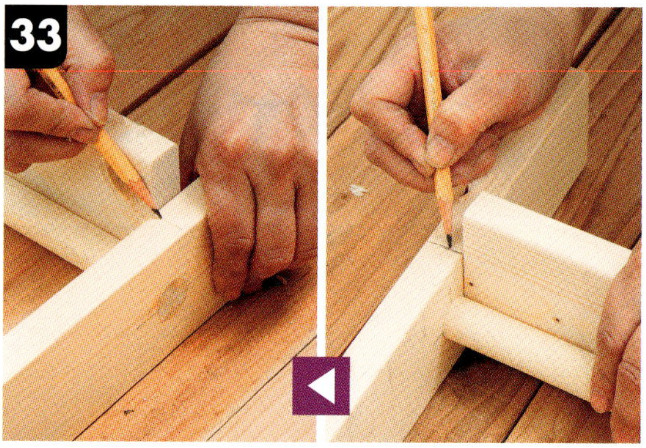

脚板下部を固定する①

両側の棒の下辺の位置で脚板の側面に印を付ける。その中央部分にネジ穴の印を付ける。

脚板下部を固定する②

33のネジ穴の印にドリルビット（2.5mm）で下穴を開け、細ネジで脚板と下辺の棒2本を固定する。

脚板上部を固定する

外側の脚板上部の棒を差し込んでいる位置に、33と同様に脚板に印を付けてドリルビット（2.5mm）で下穴を開けて、細ネジで固定する。

脚板に補強板の印を付ける

脚板下部に補強板をあて、もう1枚の補強板を内側に置き、両側の脚板に板幅、板厚分の印を付ける。もう1組の脚板は対称の位置に補強板の印を付ける。

ネジ穴の印を付ける

補強板の板厚の印の中に鉛筆でネジ穴の印を付ける。

脚板に下穴を開ける

不要な板を下に置いて、脚板のネジ穴の印にドリルビット（2.5mm）で下穴を開ける。

脚板に補強板を固定する

脚板に補強板をあて、手で支えながら細ネジで固定する。

脚板の底面を平らにする

脚板を開いて立たせたらラックをはめ込む。脚板の開き具合を確認し、脚板に添え板を置いて床と平行になる線を脚板全てに引く。

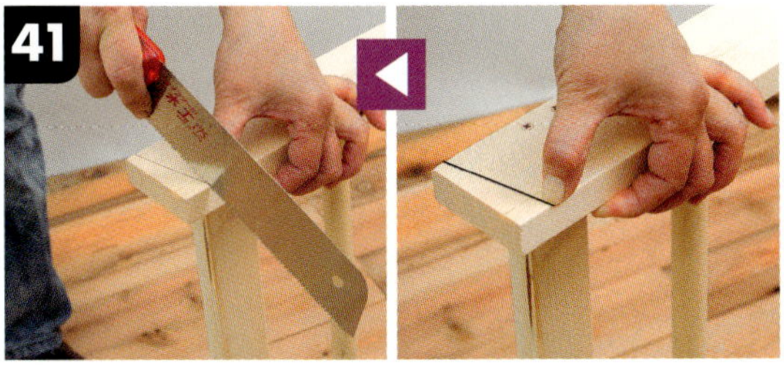

脚板の底面を切り落とす

40で線を引いたところをノコギリで切り落とす。脚板全てで同様に行う。

塗装前の状態が完成

塗装前の状態が完成。

塗装する

ハケに水性塗料（ホワイト）を染み込ませ、脚板部分からラック全体を塗装する。箱部分（イエロー）も同様に塗装する。

FINISH!

完成！

グッズストッカー

玄関に置きたい鍵や定期などの小物を入れるのに便利なグッズストッカー。かごを取り外しできるので、家の中で持ち運びたいときも楽々。

所要時間 3時間30分
※塗料の乾燥時間は含まず

予算 4,080円
※塗料は含まず

道具

- □ 鉛筆 □ サシガネ □ マスキングテープ
- □ クランプ □ 電動ドリルドライバー
- □ ドリルビット(2.5mm、10mm、12mm)
- □ ジグソー □ サンドペーパー(#180、120)
- □ 木工用接着剤 □ ヘラ □ 型紙 □ カナヅチ
- □ スポンジ □ 古布 □ ビニール手袋

材料

- □ 1×4材(長さ1820mm、450mm)×各1枚
- □ 杉板12mm厚(幅150mm×長さ1820mm)×1枚
  (幅90mm×長さ910mm)×1枚
  (幅90mm×長さ1820mm)×1枚
- □ 丸棒(φ10mm、長さ1820mm)×1本
- □ 細ネジ(長さ35mm)×20本、(長さ30mm)×36本
- □ オイル □ ワックス

木取り図

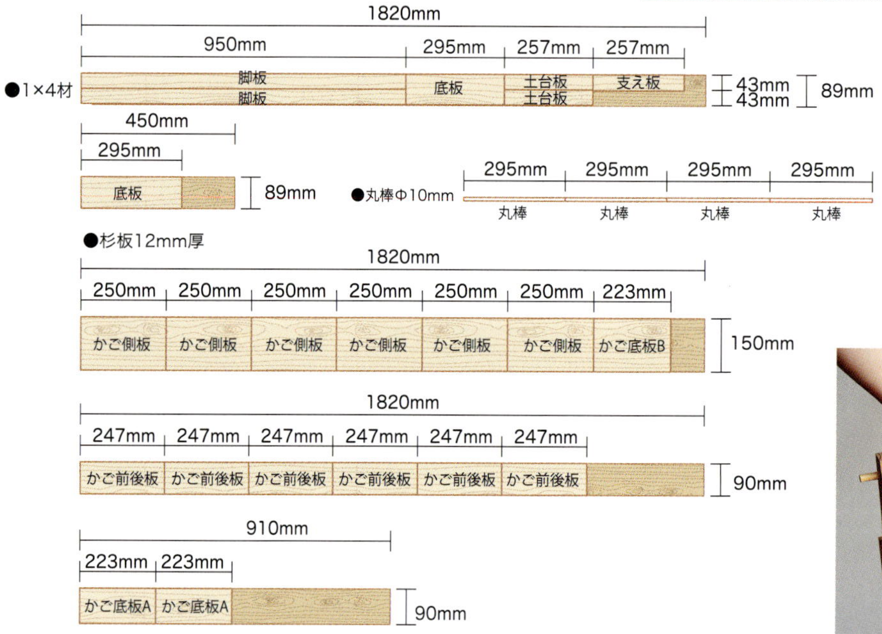

組立て図

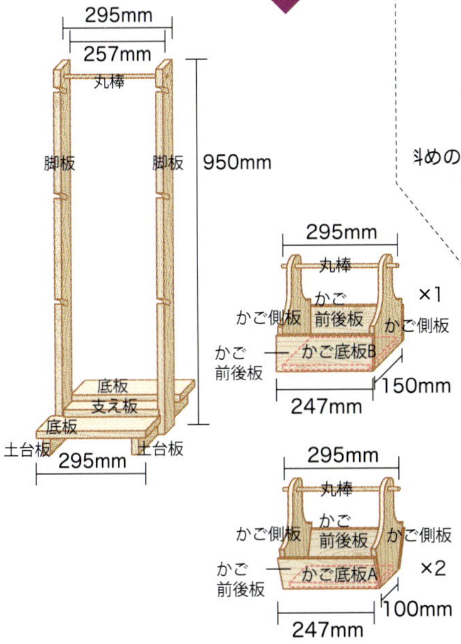

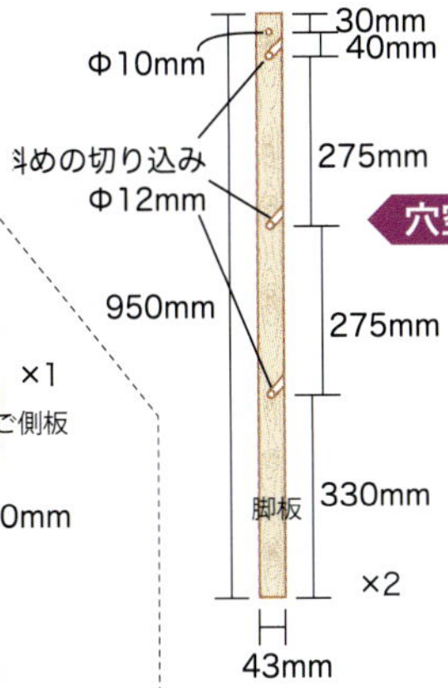

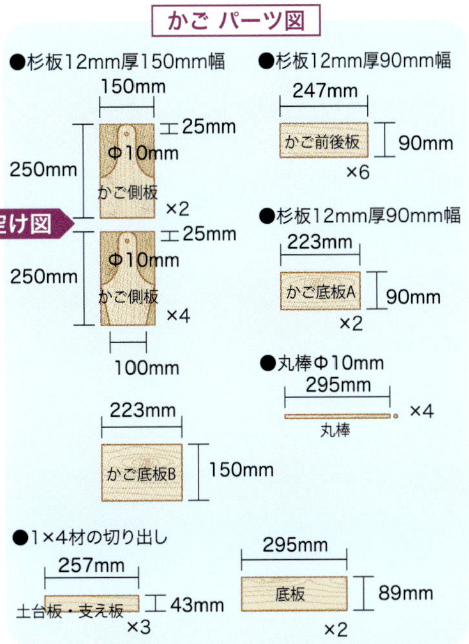

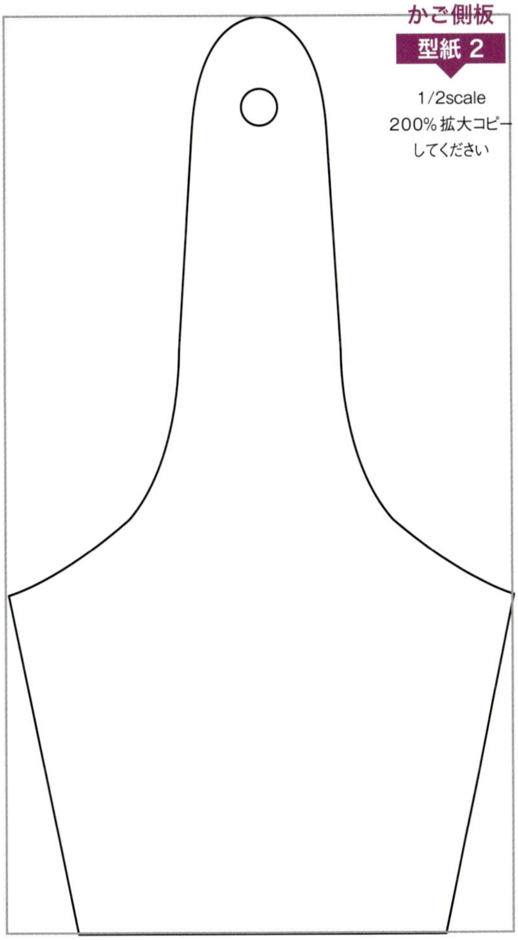

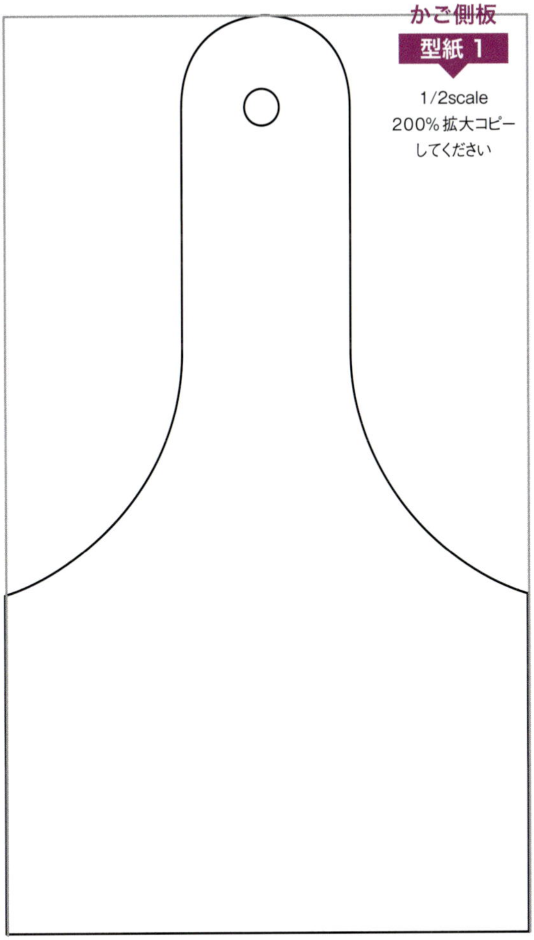

← 次ページにつづく

丸棒の穴の印を付ける

かごパーツ図内の穴開け図を参考に、脚板2枚に、上端から30mm（**a**）、その印から40mm（**b**）、275mm（**c**）、さらに275mm（**d**）の位置に印を付ける。印を付けたところをにそれぞれ水平なな線を引き、その線の中央部分に丸棒用の穴の印を付ける。

脚に丸棒用の穴を開ける

脚板2枚を合わせてマスキングテープで止める。その下に不要な板を置き、クランプで作業台に固定する。1の（**a**）の穴の印は10mm、それ以外の（**b**～**d**）は12mmのドリルビットで穴を開ける。

穴を加工する①

かごの丸棒が取り外しできるように、2の（**b**～**d**）の穴を加工する。丸棒用の穴の端から板の端に向かって垂直に線を引く（①）。①の線の終点から穴の反対側の端を結んで線を引く（②）。

穴を加工する②

3で引いた②の線と平行になるように、①の線の始点から板の端に向かって線を引く（③）。円の端と丸棒が入れやすいように外側は少し広めに引く。

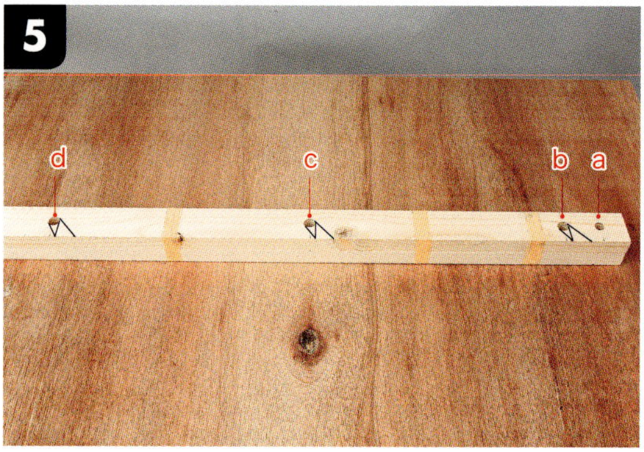

2で開けた（**b**～**d**）の穴（計6か所）全てに同様に線を引く。

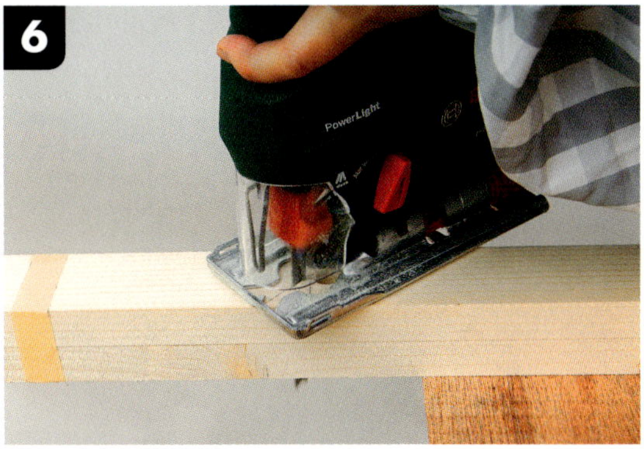

穴を加工する④

5をクランプで作業台に固定し、3の線に沿って、穴から端に向かってジグソーで切る。

穴を加工する⑤

4の線もジグソーで切り、棒を掛ける斜め状の穴ができる。他の2つの穴も同様に斜めの穴を開ける。もう一方の脚板も同様に行う。

穴の仕上げ

丸棒にサンドペーパー（#120）を巻き、7で切った全ての穴をサンディングして表面をなめらかにする。

脚の土台をつくる①

土台となる土台板（2枚）の長辺の中心に印を付ける。2枚並べて中心に線を引く。

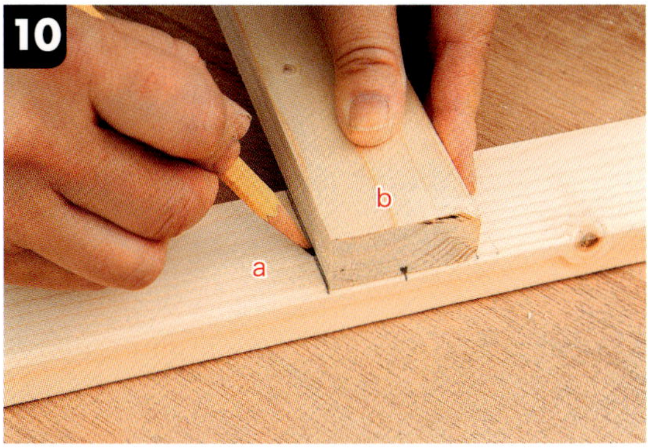

脚の土台をつくる②

1枚の土台板（b）は短辺の中心に印を付け、bの印の部分をaの9の線に合わせて、板幅の線を引く。

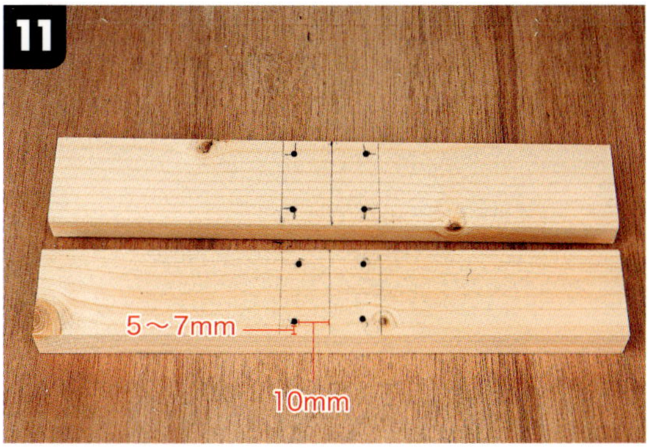

脚の土台をつくる③

同様にもう一方の土台板にも中心に板幅の線を引く。中心線からそれぞれ10mm、両端から5～7mmくらいのところを目安に、四隅にネジ穴の印を付ける。

← 次ページにつづく

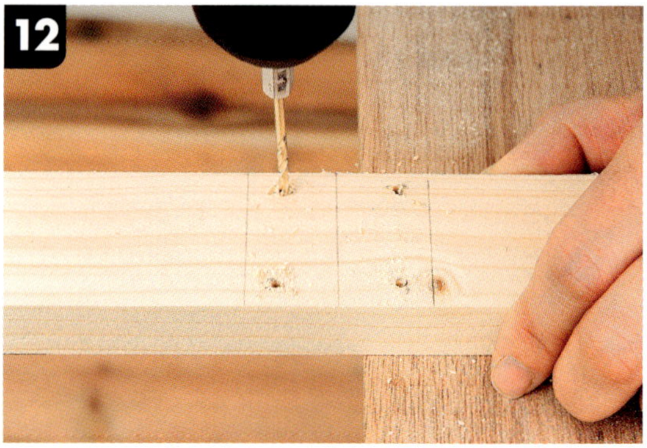

脚の土台をつくる④

11で付けた土台板のネジ穴の印にドリルビット（2.5mm）で下穴を開ける。

脚の土台をつくる⑤

土台板に下穴を開けたら、木工用接着剤（以下接着剤）を塗ってヘラで伸ばす。

本体の組み立て①

土台板と同じ厚さの板（材料外）を脚板の上部に敷き、土台板の接着剤を塗った部分に、垂直になるように脚板を接着する。底面が平らになるように板をあてて揃える。これを2本つくる。

本体の組み立て②

12で開けた土台板の下穴に長さ35mmの細ネジで脚板を固定していく。対角線の順に止めるとずれにくい。もう一方の脚板も同様に行う。

本体の組み立て③

15で固定した土台板の上に支え板をあて、脚板に板厚の印を付ける。印を付けたところから5mm両端から10mmのところにネジ穴の印を2か所付ける。もう一方の脚板にも同様に印を付ける。

本体の組み立て④

16で付けた印にドリルビット（2.5mm）で下穴を開ける。

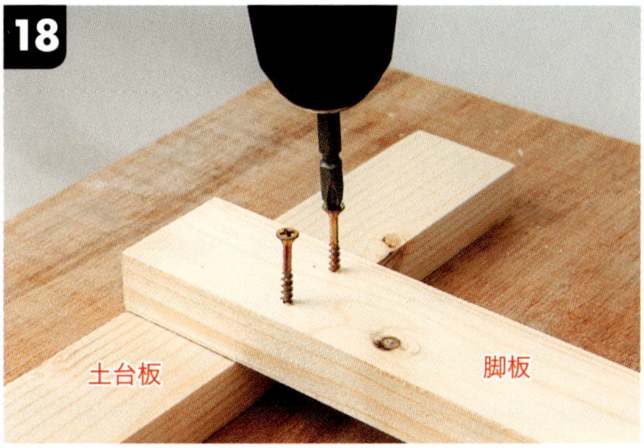

本体の組み立て⑤

[17]で下穴を開けたら裏返し、脚板の外側から長さ35mmの細ネジを仮止めする。もう一方の脚板も同様に行う。

本体の組み立て⑥

脚板の[2]の(a)の穴に接着剤を塗る。穴の中の側面に接着剤が付くようにする。もう一方の脚板も同様に行う。

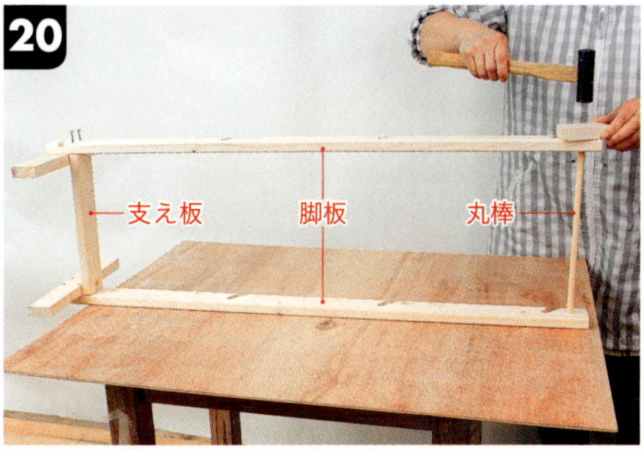

本体の組み立て⑦

[19]の脚板の穴（a）に丸棒を差し込み、反対側にもう一方の脚を差し込む。支え板を仮置きし安定させる。脚の丸棒用の穴部分に不要な板をあて、カナヅチで叩いて丸棒を入れる。

本体の組み立て⑧

丸棒を設置したら脚板を立て、仮置きしていた支え板を外す。脚板と支え板が接する部分に接着剤を塗ってヘラで伸ばす。もう一方の脚板も同様に行う。

本体の組み立て⑨

脚板に支え板を合わせ、[18]で仮止めしていた長さ35mmの細ネジで固定する。反対側の脚板も同様に行う。

底板の組み立て①

土台板の上に底板を2枚あて、その裏側に土台板の板厚の線を引く。

← 次ページにつづく

24

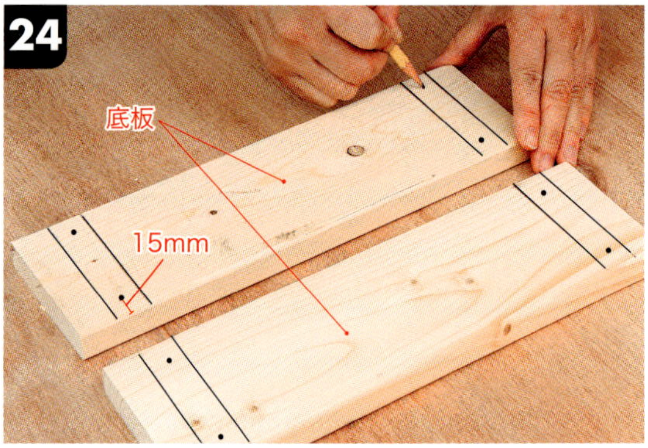

底板の組み立て②

23で底板に引いた板厚の中心で端から15mmの位置に2か所ずつネジ穴の印を付ける。

25

底板の組み立て③

24で付けたネジ穴の印にドリルビット（2.5mm）で下穴を開ける。

26

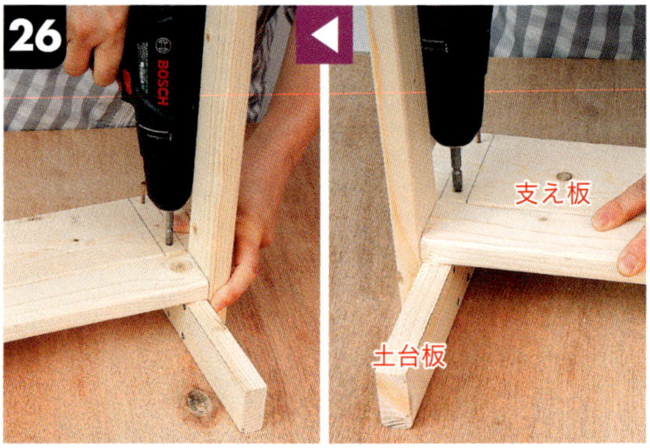

土台板に底板を固定する

25を土台板にあて、長さ35mmの細ネジで底板を固定する。反対側も同様に固定する。

27

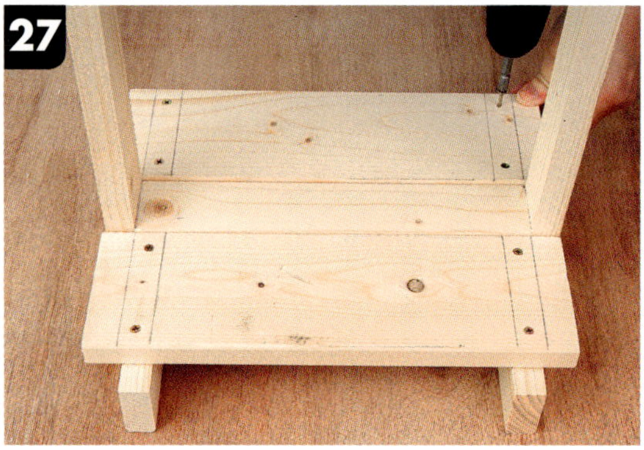

底板の完成

もう1枚の底板も26と同様に細ネジで固定する。底板と脚が固定された状態。

28

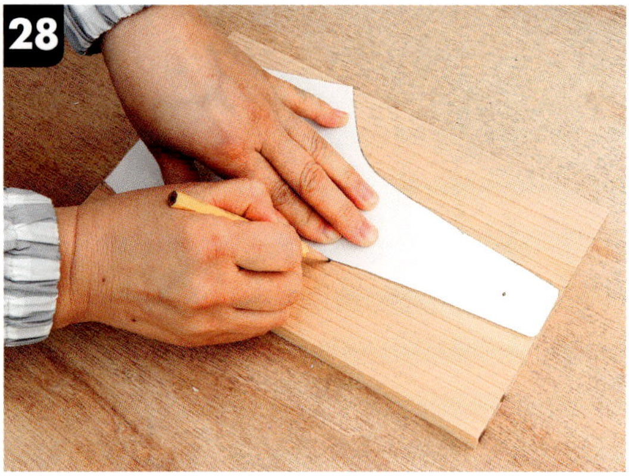

かごを加工する①

かごの側板に型紙をあてて線を引く。これを4枚つくる。3段目のかご側板2枚の底面は板の形状そのまま（直線）にする。（34参照）

29

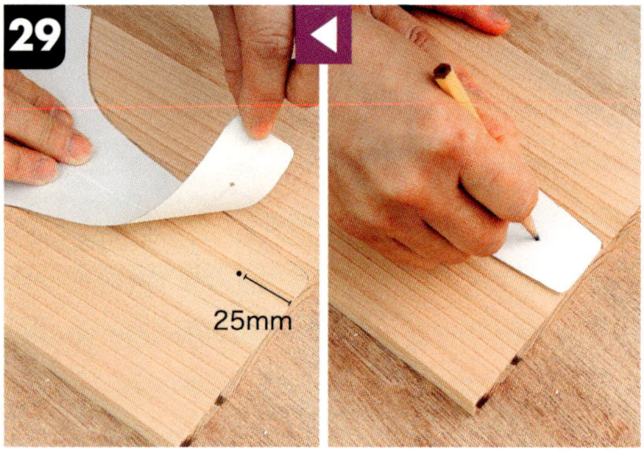

かごを加工する②

棒穴を開ける部分を上部から端から、25mmの位置に鉛筆で1か所強く印を付ける。これを6枚同様に行う。

かごを加工する③

29の1段目、2段目、3段目の側板をそれぞれ2枚重ねてマスキングテープで固定する。

かごを加工する④

30をクランプで作業台に固定し、線に沿ってジグソーで切る。

かごを加工する⑤

カーブはジグソーの刃がずれやすく、形が変わってしまうこともあるので、ゆっくり進めて少しずつ切る。切り終えたらサンドペーパー（#120）で形を整える

かごを加工する⑥

32をクランプで作業台に固定し、29で印を付けたところにドリルビット（10mm）で穴を開ける。

かごを加工する⑦

33の状態の側板を6枚つくる（3段目のかごのみ底面の形状が異なる）。

かごを組み立てる①

かご側板の底面にかご底板をあて、板厚の線を引く。線を引いたところの両端から15mmに2か所ネジ穴の印を付ける。これを6枚同様に行う。

← 次ページにつづく

かごを組み立てる②

前板にかご側板を当てて、板厚の線を引く。線を引いたところの両端から15mmに2か所ネジ穴の印を付ける。これをかご前後板計6枚同様に行う。

かごを組み立てる③

かご側板の穴に丸棒を差し込み、板厚分丸棒を飛び出させる。不要な板を置きながらカナヅチで叩いて固定する。強く叩き込むと割れる可能性があるので注意する。

かごを組み立てる④

37に底板をあて、反対側のかご側板にも丸棒を差し込み、底板に合わせる。かご側板のネジ印を長さ30mmの細ネジで固定する。反対側も同様にネジで固定する。

かごを組み立てる⑤

38にかご前板をあて、36で印を付けたところを長さ30mmの細ネジで固定する。かご後板も同様に固定する。

かご３つが完成

39を同様に3個つくり、かごが完成。

脚にかごを設置する

脚部分の斜めに開けた穴にかごの丸棒をはめ込み、かごがスムーズに掛かるか確認する。

サンディングする

本体をサンドペーパー（#180）でサンディングし、なめらかにする。仕上げのサンディングは木目に沿って行う。

塗装前の状態が完成

かごを3個全てはめ込み、塗装前の状態が完成。

かごを塗装する

かごを外し、スポンジにオイルを染み込ませて塗装する。

かごの底面を塗装する

かごの底面も木目に沿って丁ていねいに塗装する。余分な塗料は布で拭き取り、半日～1日乾かす。

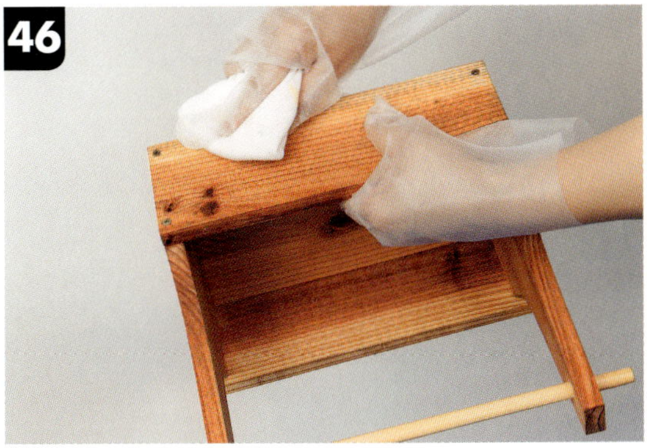

仕上げにワックスを塗る

仕上げに古布にワックスを染み込ませて全体に塗る。これを3個全て同様に行う。

FINISH!

完成！

ガーデンラック

お花や植物などを置いて庭をかわいく飾るガーデンラック。防虫、防腐の塗料を塗れば外置きでも安心。

所要時間 3時間
※塗料の乾燥時間は含まず

予算 960円
※塗料は含まず

道具

- □ 鉛筆
- □ 電動ドリルドライバー
- □ ドリルビット(2.5mm)
- □ サンドペーパー(#180、#240)
- □ カナヅチ
- □ サシガネ
- □ ノコギリ
- □ ハケ
- □ ビニールシート
- □ ビニール手袋

材料

- □ 1×4材(長さ1820mm)×4枚
- □ 細ネジ(長さ30mm)×30本、(長さ35mm)×44本
- □ 水性塗料(ガーデン用)

組立て図

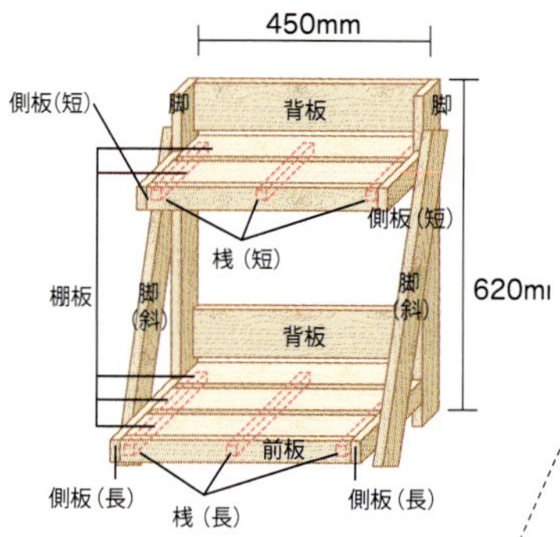

木取り図

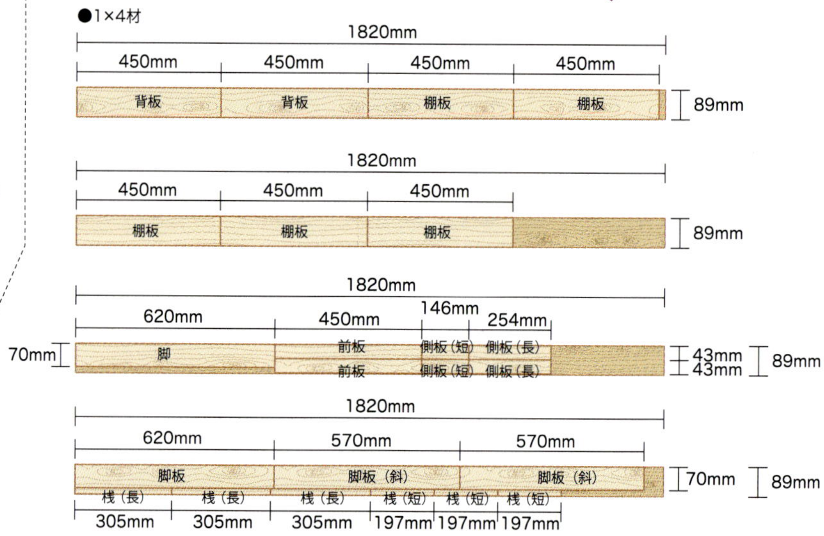

上棚板をつくる①

桟（短）に棚板を2枚あて、両端からそれぞれの板幅に線を引く。これを3枚同様に行う。

上棚板をつくる②

桟（短）を3枚並べ、1の板幅の端から15mm程度のところにそれぞれ2か所、反対側も含めて合計4か所（3枚合計12か所）に鉛筆でネジ穴の印を付ける。

上棚板をつくる③

2で付けた印にドリルビットで下穴を開ける。下穴を開けたらサンドペーパーでなめらかにする。これを3枚同様に行う。

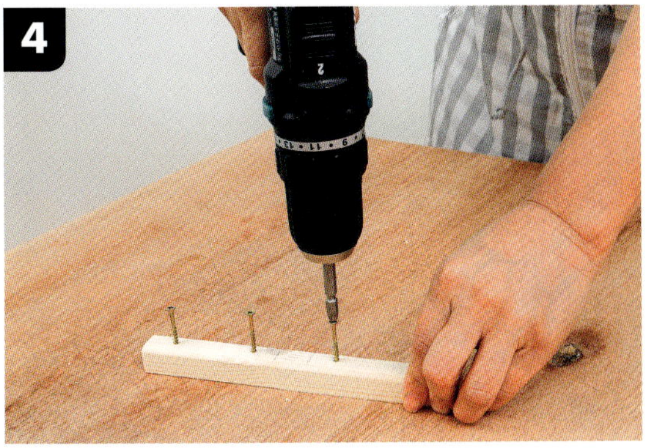

上棚板をつくる④

3の下穴に長さ30mmの細ネジを仮止めする。これを3枚同様に行う。

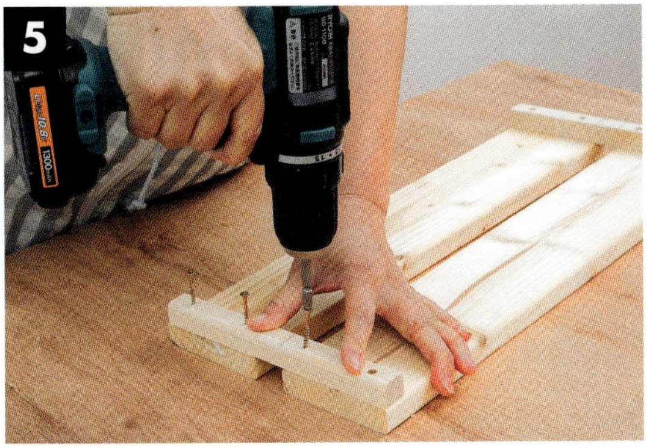

上棚板をつくる⑤

上段の棚板2枚を並べて、桟を棚板の端に合わせて、仮止めしていた細ネジで固定する。端を止めたら次に反対側の端に桟を固定する。

← 次ページにつづく

上棚板をつくる⑥

最後に中央に桟をあて、仮止めしていた細ネジで固定する。

下棚板をつくる①

桟（長）に棚板を3枚あて、両端からそれぞれの板幅に線を引く。中央の板はすき間を均等に置く。それぞれ2～4のプロセスと同様に、桟（長）1枚につき板幅ごとに2か所合計6か所にネジ穴の印を付ける。ドリルビットで下穴を開け、長さ30mmの細ネジを仮止めしておく。これを3枚同様に行う。

下棚板をつくる②

両端の棚板を桟（長）の両端に合わせるように置く。仮止めしていた細ネジで固定する。同様に反対側の端に桟を細ネジで固定する。

下棚板をつくる③

中央の棚板を合わせ、桟（長）に仮止めしていた細ネジで固定する。反対側も同様に行う。

下棚板をつくる④

最後に中央の桟（長）をあて、仮止めしていた細ネジで固定する。

上棚板の枠をつくる①

側板（短）を2枚を揃え、両端に前板を合わせて板厚の線を引く。

上棚板の枠をつくる②

板厚の線の中央あたりに印を1か所付けてドリルビットで下穴を開け、長さ35mmの細ネジを仮止めしておく。これを2枚同様に行う。

上棚板の枠をつくる③

前板に側板（短）をあて、添え板（材料外）で前板を揃えて仮止めしていた細ネジで固定する。反対側も同様に行う。

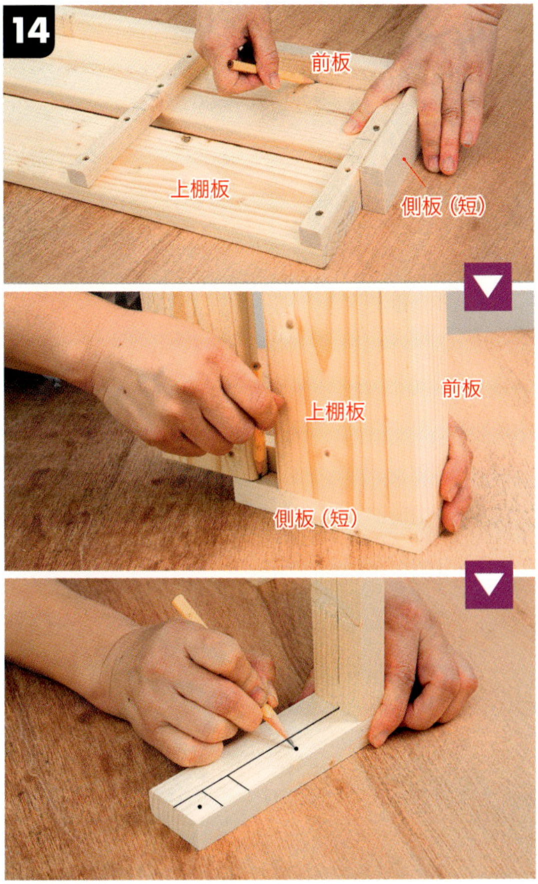

上棚板の枠をつくる④

6の上棚板に13をコの字で組み合わせた枠を合わせる。前板、側板に棚板の板厚の線を引く。棚板と側板が重なるところの中央あたりに鉛筆でネジ穴の印を付ける。前板は両端から10mmのところ2か所に印を付ける。

上棚板の枠をつくる⑤

14の印にドリルビットで下穴を開ける。下穴に長さ35mmの細ネジを仮止めする。

 ← 次ページにつづく

上棚板の枠をつくる⑥

6と15を組み合わせ、側板（短）、前板に仮止めした細ネジで固定し、上棚板の完成。

下棚板の枠をつくる①

上棚板と同様に、側板（長）、前板と10を合わせて板幅に線を引く。板が重なるところの中央あたりにネジ穴の印を付ける。ネジ穴の印にドリルビットで下穴を開け、細ネジを仮止めする。

下棚板の枠をつくる②

先に側板（長）と前板を細ネジで固定する。固定したら7の下棚板とコの字を組み合わせ、仮止めしていた細ネジを固定する。

棚板が完成

上棚板、下棚板が完成。

脚板の取り付け①

脚板に上段、下段の棚板を仮置きする。脚板の上部・後ろ角に、上段の背板を合わせ、鉛筆で線を引く。

脚板の取り付け②

背板から棚板厚1枚分くらい離し、上段の棚板の位置を決めて線を引く。板を固定するところの両端から15mmに2か所ずつ、ネジ穴の印を付ける。反対側の脚も同様に行う。

脚板の取り付け③

21の脚の下から70mmのところに下棚板の板厚の線を引く。そこから板厚1枚分離し、背板の位置を決めて鉛筆で印を付ける。板を固定するところの両端から15mmに2か所ずつ、ネジ穴の印を付ける。

脚板の取り付け④

21 22で付けた印にドリルビットで下穴を開け、長さ35mmの細ネジを仮止めする。脚板と上段の背板、上棚板を組み合わせ、仮止めしていた細ネジで固定する。

脚板の取り付け⑤

同様に、上段の背板、上棚板に反対側の脚も仮止めしていた細ネジで固定する。

脚板の取り付け⑥

棚板の位置がずれてしまったら、裏側からカナヅチで軽く叩くと微調整ができる。

← 次ページにつづく

脚板の取り付け⑦

下棚板、背板の順に仮止めしていた細ネジで固定する。反対側も同様に行う。

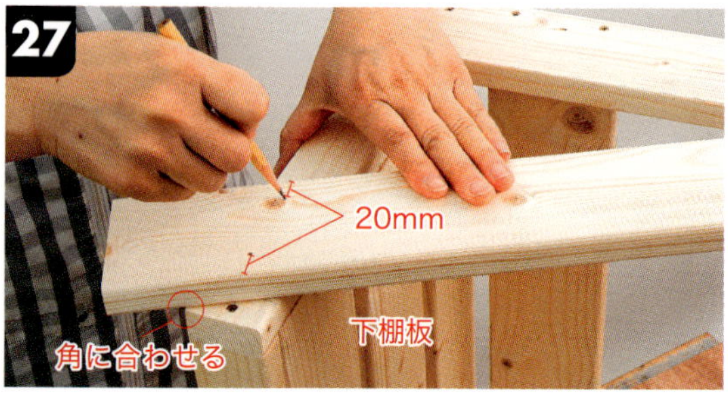

脚板(斜)の取り付け①

脚板の背面側に上から50mmのところに印を付けて、脚板(斜)の角に合わせる。下は下棚板の角に合わせて斜めに仮置きする。脚板(斜)の上から15mm、両端から15mmのところ2か所にネジ穴の印を付ける。脚板と下棚板が重なる部分は、側板の板幅の中心に、両端から20mmのところ2か所にネジ穴の印を付ける。ネジ穴の印にドリルビットで下穴を開け、長さ35mmの細ネジで仮止めする。

脚(斜)の取り付け②

脚板(斜)と上棚板が重なる部分は、側板の板幅の中心に、前側の端から20mmのところにネジ穴の印を付け、ドリルビットで下穴を開け、長さ35mmの細ネジで仮止めする。仮止めした細ネジ((27)含む)で脚板(斜)と上下の棚板を固定する。

脚(斜)の底面を平らにする

脚(斜)のはみ出た部分をサシガネで脚の底面と合わせ、床と平行になるように線を引く。ノコギリで線に沿って切り落とす。反対側も同様に行う。

塗装前の状態が完成

全体をサンドペーパーでサンディングして整え、塗装前の状態が完成。

塗装する

ビニールシートを敷く。ビニール手袋をし、ハケに水性塗料(ガーデン用)を染み込ませ塗装する。屋外で使う場合、塗料は防虫、防腐などの外用の塗料を使う。20分〜1時間乾燥させる。

FINISH!

完成!

はじめてのDIY用語集

はじめてのDIYだと、作業中にわからない単語・用語がたくさん出てきます。
ここでは初心者にもわかりやすいよう、写真つ付きで解説します。

い

板目《いため》
平行ではなく、山形や波型の模様に見える木目を持つ。製材にムダがなく、広い幅の材料が取れるが狂いが大きく、中央に割れができやすい。

インパクトドライバー
回転方向に打撃を加え、衝撃を利用してボルトナットや長いネジなどを効率良く締めるドライバー。

う

埋木《うめき》
割れ目やすき間などに木片を使って補修すること。ネジの頭を見えないようにする作業も入る。

え

エイジング加工《かこう》
新しい建物や家具を、あたかも古い年月が経っているかのように加工する技術。

SPF《エス ビー エフ》
亜寒帯針葉樹林のスプルース（Ｓｐｒｕｃｅ）、パイン（Ｐｉｎｅ）、ファー（Ｆｉｒ）の総称。主に北米産。ホワイトウッドと呼ばれる同寸法の木材を販売しているホームセンターも多くある。こちらは主にヨーロッパ産。材質が適度に柔らかくて軽く、加工しやすい。

お

オイルステイン
染料を有機溶剤に溶かした油性の塗料で、木材の仕上げなどに用いる。染料が木地に染み込むので、木目がきれいに出やすい。

か

回転数《かいてんすう》
ＤＩＹでは、電動工具のモーターの回転のことを指す。回転数はスピードコントローラーで調整することが可能で、回転数を落とすことで作動音が小さくなる。

仮組み《かりぐ》
木材が分解できる状態で組み立てて、全体の仕上がりをイメージする作業。

仮止め《かりど》
木材を固定させる前にある程度、ネジを締める作業。パーツに複数ネジが必要な場合は1本ずつ締めていくより、全体を仮止めしたほうがずれずに固定できる。

き

木表《きおもて》
板目材の樹皮に近い側。木裏の反対面。面は美しいが収縮が激しく乾燥するにしたがってそりやすい。そった場合は凹のようになる

木裏《きうら》
板材の樹芯に近い側。木表の反対面。節が出やすく逆目が出やすい。そった場合は凸のようになる。

木取り《きと》
1本の原木や大きな丸太材から、柱や板など必要な木材を切り出して調達すること。廃棄する部分をなるべく少なくするため、木の形に応じて挽いていく。

く

クランプ
材料を作業台に固定するための工具で、「締め具」ともいう。手を使わずに材料をおさえられるので、安全に作業ができる。Ｃ型やＬ型、グリップ型などがある。

クルミオイル
クルミの実から採れる乾性の油で、乾くと固まる性質を持っている。DIYでは自然塗料として用いられる。

こ

合板《ごうはん》
薄く切った板を重ね合わせ、熱圧接着させた木質ボード。「ベニヤ板」とも呼ばれ、加工しやすいことから家具やDIY、住宅など、幅広い用途で用いられてきた。

広葉樹《こうようじゅ》
「硬材」とも呼ばれ、針葉樹と比べて硬い木が多い。強度や耐久性を活かし、家具や柱として用いられやすい。キリやケヤキ、ブナ、ミズナラなどがある。

木口《こぐち》
材木を横切りにしたときの断面。「きぐち」とも呼ぶ。

木端《こば》
板材の側面で、繊維方向と平行に切った切り口のこと。「こっぱ」とも呼ぶが、このときは材木の木くずや小片を意味する。

コーススレッド
「粗目造作ビス」とも呼ばれるビスの一種で、強度が強いのが特徴。

さ

逆目《さかめ》
木を削るとき、木目に逆らって削ること。また、木目が逆になっていることも指す。

サシガネ
直角に曲がったL字型の金属製の物差し。差金、指金、曲尺（かねじゃく）などとも呼ばれる。材木などの長さや直角、角度出しなどさまざまな使い方ができる便利な道具。

サンドペーパー
紙やすりのことで、表面や角をこすることで滑らかになり、触り心地がよくなる。紙を基材にして砥粒を接着してあり、数字が大きいほど目が細かくなる。木工作業では主に100番～320番くらいをよく使う。

サンディング
木材や金属、プラスチックなどの表面を、サンドペーパーを使って滑らかにすること。

添え木《そえぎ》
サンドペーパーを巻いたり、木材を切断したり、穴を空けるときに作業の精度を高めるために使用する木材。

し

治具《じぐ》
加工や組み立てをする際、部品や工具の作業位置を指示・誘導する器具の総称。治具を使うことで加工が容易になり、仕上がり寸法も統一できる。

下穴《したあな》
釘を打つとき、正しい位置や角度で打てるように、前もって簡単な穴を開けておくこと。

集成材《しゅうせいざい》
細切れの木を集めて作った板で、主に家具素材で用いられる。反ったり歪んだりしにくく、品質が安定している。

針葉樹《しんようじゅ》
葉が針のように細長い樹木で、広葉樹よりも柔らかくて軽い木材が多い。アカマツやスギ、ヒノキなどがある。

す

スコヤ
直角を確認したり、木材に墨付けしたり、金属にケガキをするときに用いる工具。曲尺よりも小ぶりで、目盛りは15～18㎝程度。

墨付《すみつ》け
木材を加工する際、墨つぼや墨さしを使って目印や線を引く作業。大工の世界では、建物全体を把握する棟梁の仕事だった。

た

タッピングネジ
相手側の穴に雌ネジを立てながら締め付けを行うネジ。頭部の形状はナベ頭、皿頭、トラス頭などがある。

縦挽《たてび》き
木材を木目に沿って切断すること。のノコギリの刃は縦挽き用と横挽き用があるが、横挽き用を使って縦挽きすると、刃を傷めるおそれがある。

ダボ
木材同士をつなぎ合わせるときに使う木製の棒。ダボを差し込み、木工用ボンドを併用してつなげる。

つ

2×4（ツーバイフォー）材
切り出しの際に木口のサイズが2インチ×4インチの木材。乾燥、製材の加工を経て38×89mm程度のサイズに規格化されている。軟らかくて加工しやすく、価格も安いことから人気が高い。

て

電動《でんどう》ドライバードリル
穴開けやネジの締め付け・弛め作業が効率よくできる電動工具。トリガーを引くと、先端に付いたドリルやドライバー型のビットが回転する。

と

トルク
ドリルドライバーやインパクトドライバーを用いる際の、ネジやボルトを締め付ける力の単位。「N・m」といった単位で表す。トルクの数値が高いほど、締め付ける力が強くなる。

な

順目《ならいめ》
木目に逆らわず、目に沿って削ること。引っかかることなく削れるので、なめらかで美しい仕上がりになる。

に

ニス
木材などの表面を保護するために用いる塗料の一種。ペンキと違って色がつかず、透明で光沢がある仕上がりになる。

は

はぎ合《あ》わせ
複数の板の木端と木端を接着させ、幅を広げること。

端材《はざい》
建築物を建てたときに出る余り材や木っ端。大半は廃棄されるが、小物作成用として販売されている場合もある。

パテ
くぼみや割れ、穴などを埋めるために用いる塗料。エポキシパテやラッカーパテ、ポリエステルパテなどがある。

バリ
材料を加工するときに発生する突起で、残っていると木材同士を固定するときにすき間ができてしまう場合がある。バリを取るにはサンディングを行う。

ひ

ビット
インパクトドライバーやドリルドライバーなどに取り付ける先端工具。付け方はドライバーによって異なる。

ほ

ホゾ組《ぐみ》
一方の材に開けた穴に、もう一方の材につくった突起をはめ込む接合方法。

細《ほそ》ネジ（スリムスレッド）
太さがコーススレッド（太いビス）の半分ほどのビスで、小さいものや細いものを止めるときに用いる。

ま

柾目《まさめ》
木目がほぼ平行に並んでいる木取りで、反りづらく割れにくいが、太い丸太からではないと取りにくいので価格も高い。

丸棒《まるぼう》
断面が円形で、ある程度の長さがある木材。

む

無垢材《むくざい》
合板や集成材と異なり、丸太から使用する形状で切り出した木材。断熱性に優れているので夏は涼しく、冬は暖かい。一方で、割れやひびなどが入りやすい。

め

面取《めんと》り
工作物の隅や角を斜めに削る加工法で、やすりや面取り工具を用いる。ケガを防いだり、接触による破損を防ぐことができる。

も

木《もく》ネジ
木材にネジ山をくい込ませながら締めるので、保持力が強いのが特徴。木ネジの頭部には丸や皿などがある。よく使われる皿頭は頭部を木材に埋め込むために加工が必要となる。

よ

横挽《よこび》き
木目に対して直角または交差する形で切断すること。

寄《よ》せ木《ぎ》
木片や木材などを組み合わせ、接着剤で止めて幾何学的な模様をつくり出すこと。

ら

ランバーコア合板《ごうはん》
芯（コア）となる心材に、厚みがある集成材などを用いた合板。

わ

1×4（ワンバイフォー）材
切り出しの際に木口のサイズが1インチ×4インチの木材。乾燥、製材の加工を経て19×89mm程度のサイズに規格化されている。軟らかくて加工しやすい。

監修者

番匠智香子（ばんしょう ちかこ）

DIY アドバイザー、木工クラフト作家、木工デザイナー

大学の美術工芸科で木材工芸を専攻。卒業後、家具作家の下で制作を学び、オリジナル家具制作を行う。1999 年に DIY アドバイザー免許を取得後、電動工具メーカーに勤務。スウェーデン留学時に現地の家族を訪ね、愛情あふれる生活に触れる。子どもたちのために両親が、奥さんのためにご主人がと、お互いを思いやる DIY に愛情を感じ、その感動を伝えていきたいと思うようになる。その後、家族が楽しめる木工をテーマに、木工教室や雑誌等にデザインやつくり方、道具の使い方を紹介、木工教室の考案を行っている。

【staff】

アシスタント	西 千春
編集協力	千秋広太郎（シーザスターズ）、渡辺圭史、フィグインク
執筆協力	網島 剛、常井宏平
撮影	市瀬真以、平澤清司、三輪友紀（スタジオダンク）
スタイリング	露木 藍、木村 遥（以上スタジオダンク）
イラスト	みやもとかずみ
製図イラスト	戸田幸子
デザイン・DTP	Yuivie Design Studio、スタジオダンク
校正	みね工房

木工でかんたん
使える！ 収納インテリアづくり

2017年4月17日　初版発行

監修者	番匠智香子
発行者	佐藤龍夫
発　行	株式会社大泉書店
住　所	〒162-0805 東京都新宿区矢来町27
電　話	03-3260-4001（代）
F A X	03-3260-4074
振　替	00140-7-1742
印　刷	半七写真印刷工業株式会社
製　本	株式会社明光社

URL　http://www.oizumishoten.co.jp/

ISBN　978-4-278-05502-3 C0076

落丁、乱丁本は小社にてお取替えいたします。

本書の内容についてのご質問は、ハガキまたはFAXにてお願いいたします。